Bärbel Härdt

Besser lernen durch Bewegen und Entspannen

Grundlagen und Übungen für die Sekundarstufe I

Cornelsen
SCRIPTOR

Dank

Ich möchte mich an dieser Stelle bei meinen Kollegen bedanken, die zunächst den Mut hatten, das Bewegungs- und Entspannungsprogramm mit ihren Klassen durchzuführen, und die mir die Bestätigung gaben, dieses Konzept weiterzuführen. Ganz besonders möchte ich mich bei meiner Kollegin Irmgard Fuchs bedanken, die mir bei der Realisierung des Projektes an unserer Schule zur Seite steht.

Gedruckt auf chlorfrei gebleichtem Papier ohne Dioxinbelastung der Gewässer.

Die Deutsche Bibliothek – CIP-Einheitsaufnahme

Härdt, Bärbel:
Besser lernen durch Bewegen und Entspannen: Grundlagen und Übungen für die Sekundarstufe I / Bärbel Härdt. – Berlin: Cornelsen Scriptor, 2000
ISBN 3-589-21279-9

Dieses Werk berücksichtigt die Regeln der reformierten Rechtschreibung und Zeichensetzung.

5. 4. 3. 2. 1. ✓ Die letzten Ziffern bezeichnen
04 03 02 01 2000 Zahl und Jahr des Drucks.

Redaktion: Heike Friauf, Frankfurt am Main
Typografie und Satz/Herstellung: Kristiane Klas, Frankfurt am Main
Umschlagentwurf: Bauer + Möhring, Berlin, unter Verwendung einer Zeichnung von Klaus Puth, 63165 Mühlheim
Symbole bei den Übungen sowie Zeichnungen S. 25, 31, 53, 59 unten, 129, 130 und 150: Klaus Becker, Frankfurt am Main;
alle anderen Zeichnungen und Fotos stammen von der Autorin
Druck und Bindung: Clausen & Bosse, Leck
Printed in Germany
ISBN 3-589-21279-9
Bestellnummer 212799

Inhalt

TEIL 2: DIE PRAXIS

Einleitung
oder: Was tun mit dieser Klasse?

Sie alle kennen das: Sie kommen in eine Klasse und erwarten eigentlich ein normales Arbeitsklima. Doch weit gefehlt! Sie treffen entweder auf das eine Extrem – eine lebhafte Klasse, einzelne Schüler verhalten sich laut, sind kaum zu beruhigen – oder Sie treffen auf das andere Extrem – eine verschlafene Klasse, kaum einer ist bereit, sich am Unterricht zu beteiligen.
Geben Sie nicht auf, tun Sie etwas dagegen! Doch was? Ermahnungen? Der Erfolg ist fraglich. Direkte persönliche Ansprache, Ich-Botschaften wie z.B. „Ich fühle mich durch dich gestört", sind schon eher zu empfehlen. Versuchen Sie es doch einmal mit Bewegungs- und Entspannungsübungen im Unterricht!
Mehr Bewegung in den Schulalltag zu bringen ist das Ziel der 1994 begonnenen Aktion „Bewegungsfreundliche Schule" des Ministeriums für Kultus, Jugend und Sport in Baden-Württemberg (BRD). Umgesetzt werden kann dieser Grundgedanke durch:

- die tägliche Bewegungszeit im Klassenzimmer,
- Lernformen, die mehr Bewegung zulassen,
- bewegungsfreundlich eingestellte Lehrer und Schulleitungen,
- eine bewegungsfreundliche Gestaltung des Schulgeländes,
- Pausenspielgeräte.

Was könnte Sie als Lehrkraft veranlassen, in Ihrer Unterrichtsstunde eine Bewegungseinheit durchzuführen?
Der *gesundheitliche* Nutzen von Bewegungs- und Entspannungsübungen überzeugt nur einen kleinen Teil der Kollegen. Die durch die Gehirnforschung nachgewiesene *Verbesserung der Lernleistung* durch Bewegungs- und Entspannungsübungen jedoch hat einen direkten, positiven Einfluss auf die aktuelle Unterrichtsstunde und sollte daher in den Mittelpunkt rücken (siehe Kapitel 1). Die Schüler machen im Zusammenhang mit diesen Übungen auch die Erfahrung, dass man Stress und Angstzustände aktiv abbauen und somit seine Lernfähigkeit verbessern kann. Dass das Erlernen von Stressreduktion dringend notwendig ist, belegen u.a. Langzeit-Studien des Münchner Max-Planck-Instituts für Psychiatrie. Diese ergaben, dass nur eine Minderheit der Bevölkerung ihren Alltagsstress erfolgreich bewältigt. Mit der täglichen Bewegungszeit lassen sich außerdem Elemente verbinden, die die emotionale Intelligenz gezielt weiterentwickeln. Zu

guter Letzt üben die Bewegungs- und Entspannungsübungen einen positiven Einfluss auf das Klima in der Klasse aus (mehr dazu in Kapitel 1).
Grundlage dieses praxisorientierten Handbuches ist das von mir konzipierte Projekt „Bewegung und Entspannung im Klassenzimmer“. Dieses Projekt ist ein Beitrag zur täglichen Bewegungszeit und wurde im Rahmen der Aktion „Die Schule bewegt sich“ am Gymnasium in Bretten, an dem ich unterrichte, durchgeführt. Dort beteiligt sich seit 5 Schuljahren eine größere Anzahl von Kollegen an der täglichen Bewegungszeit, wobei mir vor allem das Feed-back bei Gesprächen mit Kollegen eine große Hilfe war. Derzeit beteiligen sich 61 Kollegen allein in den Klassen 5–7 an dem Programm, das sind etwa 60 Prozent des Kollegiums. Auch in höheren Klassenstufen werden vielfach Bewegungs- und Entspannungselemente im Unterricht eingesetzt. Entgegen anfänglicher Bedenken hat sich die tägliche Bewegungszeit einen festen Platz im Unterricht erobert, da das Programm sowohl bei Schülern als auch bei Lehrern gut ankommt. Die bei der täglichen Bewegungszeit gewonnenen Erfahrungen sind in Kapitel 2 dargestellt.
Nachdem Kollegen ein Programm von Bewegungs- und Entspannungsübungen durchgeführt hatten, beschrieben sie als Hauptwirkung vor allem die entspannte Unterrichtsatmosphäre in der Klasse. Nicht nur aus pädagogischer Sicht, sondern auch aus Befunden der Angst- und Stressforschung gilt eine entspannte Unterrichtsatmosphäre als Voraussetzung für gute Lernleistungen.
Als Handreichung für die Kollegen und Kolleginnen habe ich einen *Übungskatalog* ausgearbeitet (Kapitel 4), aus dem Übungen ausgewählt werden können. Das Konzept basiert auf einfachen Übungen, die alle Lehrkräfte durchführen können. Es ist problemlos variierbar – je nach Klassenstufe, Lehrkraft, Fach oder Aktivitätszustand der Klasse ...
Somit ist es in allen Schularten, beginnend mit der Grundschule, verwendbar. Zusätzliche didaktische und methodische Hilfen sowie konkrete Beispiele für die Anwendung erleichtern die Umsetzung in die Praxis. Darüber hinaus ist es möglich, das Programm durch eigene Ideen zu erweitern.
An praktischen Beispielen wird gezeigt, dass die Bewegungseinheit vielfach in den Unterrichtsstoff der aktuellen Stunde integriert werden kann und somit einen Beitrag zum ganzheitlichen Lernen darstellt (Kapitel 5).
Vorschläge für eine „Schule der Zukunft“, die den Schüler als Ganzes im Auge hat und seine Lernfähigkeit und Gesundheit fördern will, runden dieses Handbuch ab (Kapitel 6).

Eine kleine Anmerkung: Die in diesem Buch verwendete männliche Form (Lehrer, Kollegen etc.) wurde gewählt, um umständliche Formulierungen zu vermeiden. Selbstverständlich ist die weibliche Form immer mitgedacht.

TEIL 1: GRUNDLAGEN

Kapitel 1: Bewegungs- und Entspannungsübungen im Klassenzimmer – warum?

Typische Probleme in der Schule

Probleme in der Schule gab es schon immer, sie sind nichts Neues – weshalb sollten gerade in diesem Lebensbereich Probleme ausbleiben? Folgenden Fragen muss die Schule sich jedoch stellen:

- Unternimmt sie ausreichende Anstrengungen, um dem Problem entgegenzutreten?
- Ist sie offen genug für Kommunikations- und Interaktionsprozesse innerhalb und außerhalb der Schule und berücksichtigt sie wissenschaftliche Erkenntnisse in ausreichendem Maß?
- War sie auch in der Vergangenheit flexibel genug, um mit der Dynamik der gesellschaftlichen und wirtschaftlichen Veränderungen Schritt zu halten?

Eine innere Schulreform wird von der kritischen Öffentlichkeit gefordert, eine Schule, die attraktiv und zeitgemäß ist und in der es sich gut leben lässt. Mit einem souveränen Management mit Weitblick und Engagement, das seine Freiräume zu nutzen vermag; mit Lehrkräften, die offen sind für neue Formen des Lehrens und Lernens und die den Schülern die Schlüsselqualifikationen vermitteln, die im Berufsleben relevant sind.
Dieses Buch möchte ein Beitrag dazu sein. Auf den folgenden Seiten sollen der typische Schulstress und seine Begleiterscheinungen wie Denkblockaden, Konzentrationsschwächen und Aggressionen genauer betrachtet werden.

Schulstress: wie er entsteht, wie der Körper reagiert

„Ich bin im Stress!" Was veranlasst Menschen zu dieser Aussage? Sind es Anspannung, Überforderung, Leistungsdruck oder sind es andere Ursachen? So wie die Gründe sehr unterschiedlich sein können, so differiert auch die Stressanfälligkeit von Person zu Person erheblich.
Wichtig ist, Stress zu erkennen und zu lernen, mit Stresssituationen umzugehen.

Was ist Stress?

Der Begriff stammt aus dem Englischen und bedeutete ursprünglich „Beanspruchung" im Rahmen einer Materialprüfung. Der Ausdruck Stress wurde 1950 von dem ungarisch-kanadischen Mediziner Hans Selye übernommen, der Stress als „nichtspezifische Reaktion des Körpers auf jede an ihn gerichtete Anforderung" definierte (Topping 1994, 16).
Es können sowohl eigentlich angenehme als auch belastende Situationen Stress hervorrufen, sobald die betreffende Person „unter Druck" steht und dies eine Anpassungsreaktion des Körpers erfordert. Stress bezeichnet somit einen Zustand, in dem wir uns befinden; die Auslöser dafür sind die so genannten Stressoren. Dies sind:

- körperliche Beanspruchungen (z.B. Hitze, Kälte, Durst, Lärm),
- seelische Beanspruchungen (z.B. Ängste, Überforderung, zwischenmenschliche Probleme, Ärger, negative Lebenseinstellungen).

Persönliche Lebenseinstellungen und die Art und Weise, wie man Situationen einschätzt, haben ausschlaggebenden Einfluss auf die belastende Wirkung von Stressoren.
Bei unseren Urahnen hatte Stress die Funktion, sie für Kampf und Flucht zu wappnen, eine arterhaltende Errungenschaft der Evolution. Stress darf nicht nur negativ gesehen werden, denn er ist eine natürliche, lebenswichtige Reaktion des Körpers auf Belastungen, auf Gefahrensituationen und auf Ängste.
Stress im Übermaß (Distress) kann gesundheitliche Folgen haben – im Extremfall bis zum Tod, Stress in Maßen (Eustress) jedoch bewirkt eine positive, leistungsfördernde Aktivierung.

Aus folgenden Komponenten setzt sich die Stressdosis, also das Maß an Stress, zusammen:

- die persönliche Bewertung einer Situation (hierbei kann sich die Lebenseinstellung extrem stresssteigernd auswirken)
- neue Situationen, die Unsicherheiten in sich bergen
- die Intensität des Stressors/der Stressoren

- die Häufigkeit des Auftretens von Stressoren
- die Dauer des Einflusses eines Stressors auf eine Person
- der Anspruch an sich selbst, ausnahmslos hervorragende Leistungen zu erbringen
- die Vorstellung, bei anderen stets gut ankommen zu müssen
- ein Mangel an spezieller Vorbildung zur Lösung von Problemen

Da unsere Schüler werktags mehrere Stunden täglich in der Schule verbringen und zusätzlich noch Hausaufgaben für die Schule machen, ist es für sie leicht, einen hohen schulisch bedingten Stresspegel zu erreichen. Hinzu kommen außerschulische Stressfaktoren. **Äußerst wichtig ist es, sich bewusst zu machen, dass sich die Wirkungen von außerschulischen und schulbezogenen Stressoren addieren, wenn die Anspannung zwischendurch nicht abgebaut wird.** Ein Kind, das bereits mit einem hohen Stresspotenzial in die Schule kommt, wird sich besonders schwer tun mit schulischen Belastungen.

Dies sind die häufigsten Quellen für außerschulischen Stress, den Schüler mit in die Schule tragen:

soziales Umfeld

- zu hohe Leistungserwartungen der Eltern an die Kinder
- die Leistungserwartungen der Eltern konzentrieren sich zu sehr auf Schulleistungen
- Verunsicherung durch das Elternhaus (z.B. Ignorieren von Gefühlen, übermäßige Toleranz oder Strenge; vgl. Goleman 1995, 241 f.)
- Trennung oder Verlust von Familienmitgliedern
- Probleme mit Freunden (z.B. Abweisung)
- Einsamkeit

Lebensweise

- Freizeitstress durch zu viele/zu anstrengende Freizeitaktivitäten
- Reizüberflutung (Fernsehen, Computerspiele, Lärm, ...)
- Schwächung des Körpers durch falsche Ernährung
- Schlafmangel
- Drogenkonsum (Alkohol, Nikotin, ...)

schulbezogene Fehler

- zu Hause zu wenig gelernt (daher Angst, zu versagen)
- fehlende oder mangelhafte Hausaufgaben
- ineffektives Lernen durch falsche Lerntechniken

die Person des Schülers/der Schülerin

- zu hohe eigene Erwartungshaltungen (Schulleistungen, Aussehen, Einstellungen allgemein, ...)
- Ängste
- zu große Verantwortung (z.B. für kleinere Geschwister)
- finanzielle Probleme
- schlechte Laune

gesundheitliche Aspekte

- Beeinträchtigungen des Wohlbefindens (z.B. Kopfschmerzen)
- Krankheiten
- negative Auswirkung von Umweltverschmutzung auf den Körper

Schulweg

- Gedränge in den Nahverkehrsmitteln
- Hetze wegen Zeitknappheit

Und dies sind die Ursachen für Schulstress:

äußere Bedingungen in der Schule/im Klassenzimmer ⇨

soziale Probleme im Klassenverband ⇨

lehrer-, stoff- und unterrichtsbezogene Faktoren ⇨

Ursachen in der Person des Schülers/der Schülerin ⇨

Schulstress

Die Stressoren im Einzelnen:

äußere Bedingungen in der Schule/im Klassenzimmer

- zu große Klassen/zu kleine Klassenzimmer
- Sauerstoffdefizit (mangelndes Lüften), Luftverschmutzung (z.B. durch Autoabgase)
- Hitze, Kälte, Lärm
- Zeitnot und Hektik durch Raumwechsel zwischen den Unterrichtsstunden
- keine Spiel- und/oder Bewegungsangebote zur Pausengestaltung

soziale Probleme im Klassenverband

- Mobbing
- mangelhafte persönliche Bindungen zu Mitschülern
- soziale Isolation
- einzelne Gruppen bekämpfen sich gegenseitig
- „Einzelkämpfermentalität“ statt Teamdenken

lehrer-, stoff- und unterrichtsbezogene Faktoren

- Stress vor/bei Leistungskontrollen
- Defizit an Erholungsphasen, Bewegungsmangel
- zu wenig Anlässe zum Lachen und Fröhlichsein
- Hektik, Zeitnot
- Informationsüberflutung
- Langeweile
- ungerechte Beurteilung, ungerechte Kritik
- die Person des Lehrers/der Lehrerin wird abgelehnt
- die Lehrkräfte vermitteln den Stoff zu kompliziert, nicht dem Alter der Schüler entsprechend
- zu wenig Lob
- angespannte Unterrichtsatmosphäre

Ursachen in der Person des Schülers/der Schülerin

- schlechte Noten, „Misserfolge“
- Überforderung, mangelnde Begabung für den Schultyp
- zu hohe Leistungserwartungen an sich selbst
- Ängste (vor Versagen, Eltern, Lehrern, Gleichaltrigen, ...)

- Hunger, Durst
- Pessimismus
- eine empfundene Bedrohung der Selbstachtung oder der Würde der eigenen Persönlichkeit

Wie reagiert der Körper auf Stress?

Über die Sinnesorgane wirken die stressauslösenden Faktoren (Stressoren) auf das Gehirn. Das Gehirn, der Sympathicus des vegetativen Nervensystems sowie vor allem die Stresshormone Adrenalin, Noradrenalin und Cortisol veranlassen den Körper zu Reaktionen, die es ihm ermöglichen, Stresssituationen zu meistern. Diese Reaktionen sind von der Evolution vorgesehen: Bei einer Gefahrensituation muss der Körper blitzschnell handeln, ein Zögern durch Nachdenken könnte tödlich sein. Unnötig energieraubende Prozesse wie Verdauung, Wachstum, Sex, Immunabwehr und Denkvorgänge werden deshalb gehemmt. Während Kurzzeitstress einer positiven Aktivierung gleichzusetzen ist, führt länger andauernder Stress zu gesundheitsschädlichen Überforderungsreaktionen im Körper.

Die Stressreaktionen lassen sich in zwei Bereiche gliedern:
1. allgemeine Einflüsse auf den Organismus,
2. Auswirkungen auf das Verhalten (Konzentrationsschwächen, Beeinträchtigung von Denkprozessen, Denkblockaden, Aggressionen).

Wie stark die Stressoren wirken, unterliegt erheblichen Schwankungen und variiert individuell, je nachdem, wo persönliche Schwachstellen vorliegen. Einige Stresssymptome treten nur bei extremen Belastungen auf. Chronisch gestresste Menschen sind sich ihrer Beeinträchtigungen durch die Stressfaktoren häufig nicht bewusst, da ihnen eine normale, entspannte Lebenssituation nicht mehr geläufig ist.

Allgemeine Auswirkungen auf den Organismus

1 Puls und Atemfrequenz erhöhen sich.

Ein deutlich erhöhter Puls kann sowohl eine Folge von Stress sein als auch eine Folge von körperlicher Betätigung oder ein Krankheitssymptom. Auch die Atemfrequenz nimmt durch Bewegung oder Stress zu.
Durch die Atembeobachtung selbst kann bereits die Frequenz gesenkt werden, da sich die Beobachtung entspannend auf den Organismus auswirkt (vgl. Rein-Schneider 1973, 154). Man kann Schüler in einer Stresssituation sowohl den be-

schleunigten Puls als auch die beschleunigte Atemfrequenz feststellen lassen (jeweils bezogen auf eine Minute oder auf 15 Sekunden, multipliziert mit 4). Als Vergleich dienen die Werte, die man in einer entspannten Situation ermittelt. Tipp: Vielen Schülern fällt es leichter, den Puls am Hals zu fühlen anstatt am Unterarm.

2 Die Arbeit der Verdauungsorgane wird gehemmt.
Daraus können Magenschmerzen resultieren, wenn Stress direkt nach dem Essen oder während des Essens auftritt. Ein typisches Erscheinungsbild bei Kindern mit Schulangst: Magenbeschwerden beim Frühstück oder danach.

3 Eventuell folgen Schweißausbrüche, Erröten.
Was Lehrkräfte oft beobachten: Beim Schreiben von Arbeiten haben einzelne Schüler (auf Grund der kreislaufaktivierenden Wirkung von Adrenalin) gerötete Wangen und feuchte Handinnenflächen (die sie dann manchmal an der Kleidung abwischen). Bei erhöhter Cortisolkonzentration kann das Gegenteil eintreten – eine blasse Haut durch Verengung der peripheren Blutgefäße, was im Falle eines Kampfes für geringeren Blutverlust bei Verletzungen sorgen soll – zumindest bei unseren Ahnen.

4 Die Augen sind auf die Peripherie gerichtet, die Pupillen geweitet.
Der evolutionsgeschichtliche Sinn dieser Anpassungsleistung: Das Gesichtsfeld, der sichtbare Bereich der Umwelt, wird größer (wichtig beim Kämpfen), die Sehschärfe nimmt ab (weniger wichtig beim Kämpfen). Starker Stress lässt sich daher an den Augen der Menschen erkennen.

5 Anhaltend wirkende Stressoren in Verbindung mit mangelndem Stressabbau schwächen langfristig das Immunsystem.
Man wird anfälliger für Krankheiten (Infektionen, Allergien, Krebs, ...)

Bei Stress
- wird die Proteinsynthese durch das Cortisol gehemmt, daher werden weniger Abwehrzellen gebildet,
- wird durch die Stresshormone die Membranpolarität der Zellen verringert. Dadurch können Krankheitserreger wie Bakterien, Viren und Pilze leichter in die Zellen eindringen (vgl. Hannaford 1997, 204). Typische Folgen sind Infektionen der Haut und der Atemwege,
- werden Gehirnmorphine (natürliche Opiate des Gehirns) gebildet, die den Schmerz blockieren; bei emotionalem Stress unterdrücken sie zudem die Aktivität der T-Zellen des Immunsystems (vgl. Hannaford 1997, 212),
- üben die Emotionen starke Einflüsse auf das autonome (vegetative) Nervensystem aus. Nervenzellen des autonomen Nervensystems haben direkte Verbindungen zu den Immunzellen! Diese Immunzellen werden unmittelbar durch Neurotransmitter (chemische Botenstoffe) reguliert, die die Nervenzellen absondern – Signale wandern auch in die Gegenrichtung! Dies bedeutet, dass Stress über das autonome Nervensystem einen hemmenden Einfluss auf das Immunsystem ausübt (vgl. Goleman 1995, 214).

6 Die Muskeln reagieren.

Die Skelettmuskulatur steht unter erhöhter Spannung, da sie eigentlich für Angriff und Flucht gerüstet wurde. Folgende äußerlich zu beobachtende Merkmale können auf Stress hinweisen:

- eine starre und/oder verzerrte Mimik,
- Stottern,
- hektische und/oder schlecht koordinierte Gestik,
- Zittern (der Hände/der Knie/des ganzen Körpers).

Der *Sehnenkontrollreflex* ist ein automatischer, also nicht dem Willen unterworfener, neuromuskulärer Vorgang. Sein Sinn besteht darin, das Knie zu stabilisieren, um die Standfestigkeit beim Kampf zu verbessern bzw. zum Loslaufen, Losspringen vorzubereiten. Er verkürzt die Wadenmuskulatur bei gleichzeitiger Entspannung der Gegenmuskeln (Schienbein- und Tibialmuskeln) – dadurch wird der Körperschwerpunkt zu den Zehen hin verlagert. Um das Gleichgewicht zu wahren, um sich aufrecht zu halten, müssen ausgleichend die Muskeln im unteren Rücken und im Nacken kontrahiert werden (vgl. Hannaford 1997, 199). Bei Stress wird dieser Reflex automatisch aktiviert!

Fazit: Anhaltender Stress kann Muskelverspannungen in den Waden, im unteren Rücken und im Nackenbereich bewirken! Starres, andauerndes Sitzen verstärkt zusätzlich die Muskelverspannungen im Rücken- und Nackenbereich!

Bei angespannter Muskulatur wird durch das Zusammenpressen der Blutgefäße die Blutzufuhr gedrosselt. Dadurch werden sowohl die Nährstoffversorgung als auch der Abtransport von Stoffwechselabfällen (wie z.B. Kohlendioxid, Milchsäure) gestört. Das Resultat davon sind Muskelschmerzen und Schonhaltungen. *Rückenschmerzen* bis hin zu Bandscheibenproblemen als Folge von mangelnder Bewegung und von Stress nehmen in der Bevölkerung in erschreckendem Maß zu; die daraus resultierenden Fehlzeiten bürden den Volkswirtschaften steigende Ausgaben auf.

Spannungskopfschmerzen, induziert durch die verspannte Muskulatur, sind ein weiteres Alarmsignal des Körpers bei Stress.

Bereits Schüler (sogar Grundschüler) leiden unter Rückenproblemen und Spannungskopfschmerzen; ihre Zahl steigt stetig! Unter diesen Umständen aber fällt Lernen schwer!

Welche Symptome können noch auf Stress hinweisen?

Auf psycho-emotionaler Ebene finden sich die folgenden Symptome:

- sich gehetzt fühlen (Zeitdruck, Überlastung)
- Gereiztheit, emotionale Unausgeglichenheit (Gefühlsschwankungen, z.B. leicht in Wut geraten), Nervosität
- das Gefühl, ständig eine Last tragen zu müssen
- Verunsicherung
- Angstgefühle, panische Reaktionen
- Apathie, Realitätsflucht (z.B. Tagträume), Schweigen, Passivität
- Hoffnungslosigkeit (z.B. überzeugt sein, es nicht zu schaffen)
- Alpträume, Schlafstörungen
- Langeweile (z.B. durch Unterforderung, mangelndes Interesse)
- Unlustgefühle (mangelnde Motivation, Lernunwilligkeit), Niedergeschlagenheit, Depressionen
- Konzentrationsschwächen

Lehrkräfte können mit ihren Schülern diese Punkte besprechen. Vielen ist sicherlich nicht bewusst, dass es sich dabei um typische Erscheinungsbilder von Stress handelt. Viele Menschen tragen diesen psychisch-emotionalen Ballast mit sich herum, obgleich Abhilfe möglich wäre.

Denkblockaden, Konzentrationsschwächen, Aggressionen – typisches Schülerverhalten unter Stress

Denkblockaden

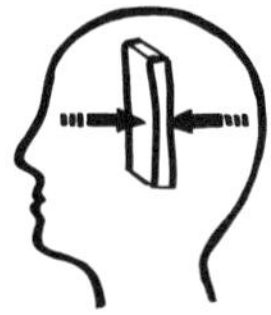

Situationen, bei denen unser Gehirn nicht zuverlässig arbeitet, kennt eigentlich jeder aus eigener Erfahrung:

- Ist man in Hektik, so wird man vergesslich!
- Bei Prüfungsarbeiten scheint das Denken „blockiert“ zu sein!

Entspannt sich die Lage und der Stress lässt nach, so stellt sich in der Regel die normale Leistungsfähigkeit wieder ein. Diese Reduktion der kognitiven Fähigkeiten ist ein Relikt unserer Urahnen und war offenbar aus evolutionärer Sicht nicht von Nachteil. Encephaline, die natürlichen Opiate, die das Gehirn bei Stress produziert, um den Schmerz zu betäuben, schwächen das Gedächtnis (Hannaford 1997, 166). „Untersuchungen an der McGill-Universität haben ergeben, dass es einen Zusammenhang gibt zwischen erhöhten Kortisolwerten und verminderten Lern- und Gedächtnisleistungen oder Konzentrationsproblemen“ (Ebd., 198).

Unter starkem Stress funktioniert nur noch eine Hälfte des Großhirns, was eine Einschränkung des absoluten Lernpotenzials zum Resultat hat, vor allem aber können die speziellen Fähigkeiten der abgeschalteten Gehirnhälfte nicht genutzt werden (siehe dazu auch „Die Gehirnhemisphären und ihre Funktionen", S. 23 ff.). Eine Studie über den Einfluss von Fluglärm im Bereich des neuen Flughafens München ergab bei Kindern eine signifikante Zunahme der Stresshormone sowie deutliche Defizite bei mentalen Fähigkeiten; insbesondere das Gedächtnis und die Konzentrationsfähigkeit waren betroffen (Miltner 1998, 176).
Besonders alarmierend ist jedoch: **Starker Stress kann Dauerschädigungen im Gehirn hervorrufen, die zu Einschränkungen der Intelligenz und zu Verhaltensproblemen führen können!**
Je mehr das Stresshormon Cortisol freigesetzt wird, umso schneller sterben Nervenzellen aus dem Bereich des Hippocampus ab, der als wichtigste Gehirnregion für Lernen und Gedächtnis gilt. Bei Langzeitdepressiven sowie bei Erwachsenen, die in ihrer Kindheit missbraucht worden waren, reduzierte sich diese Region um 8 bis 26 Prozent (vgl. Hannaford 1997, 203 und 207; Simm 1998, 154). Bei Senioren mit hohen Cortisolwerten schrumpfte das Volumen ihres Hippocampus deutlich schneller als bei einer Vergleichsgruppe mit niedrigeren Werten, außerdem schnitten sie bei Gedächtnis- und Orientierungstests schlechter ab. Daraus schließt man, dass das Cortisol für ein beschleunigtes Altern des Gehirns verantwortlich zu machen ist; man vermutet, dass sogar vorübergehender Stress Nervenzellen abtöten kann (vgl. Simm 1998, 155).

Konzentrationsschwächen

Die Fähigkeit, Konzentration gezielt einzusetzen, wird allgemein als Produkt von Erziehungs- und Lernprozessen angesehen. Demnach besitzen jeder Schüler und jede Schülerin ein individuelles Konzentrationspotenzial. Konzentrationsleistungen sind freilich nicht konstant, sondern sehr störanfällig.
Die Liste der möglichen Störfaktoren ist vielfältig: schlechte Gesundheit, Müdigkeit, Überforderung, Unterforderung, Mangel an Motivation, Störungen und Unterbrechungen, negative Einstellungen bezüglich der eigenen Person oder bezüglich der Aufgabe, allgemeine Unwilligkeit, ungelöste emotionale Probleme, Zeitdruck, Traurigkeit (vgl. Goleman 1995, 96).
Eine Parallele fällt auf: Die überwiegende Anzahl dieser Faktoren gilt gleichzeitig als Verursacher von Stress!
Konzentrationsschwächen gehören zu den typischen Stresssymptomen. Verhaltensweisen bei Kindern, die oft als „Verhaltensstörungen" eingestuft werden, sei es Konzentrationsschwäche in Verbindung mit Hyperaktivität oder in Verbindung mit scheinbarer geistiger Abwesenheit, sind häufig nur eine Erscheinungsform von Stress (vgl. Hannaford 1997, 198, 212).

Aggressionen

Aggressivität ist stammesgeschichtlich genetisch fixiert – als arterhaltende Notwendigkeit bei Bedrohung, zur Verteidigung von Besitz, beim Durchsetzen von Rangordnungen usw. Als weitere mögliche Entstehungsfaktoren werden Frustrationen angesehen sowie das Erlernen von Aggression. Aggressives Verhalten wird erlernt und beibehalten, indem es bewusst oder zufällig kopiert wird oder indem die Erfahrung lehrt, dass durch aggressives Verhalten bestimmte Ziele, wie z.B. die Befriedigung von Bedürfnissen, besser erreicht werden.

Aggressionen im Schulalltag – Schlägereien, Mobbing, Beleidigungen, Disziplinprobleme ... Weshalb nehmen die Angriffe zu? Die Ursachen sind vielfältig. Zu bedenken ist jedoch, dass Stress jeder Art die Schwelle für mögliche Wutauslöser senkt. Eine Person, die bereits verärgert, unzufrieden oder in Hetze ist, wird eher dazu neigen, aggressiv zu reagieren, als eine Person, die ausgeglichen ist.

Eine extreme Form bilden die so genannten emotionalen Entgleisungen. Kennzeichnend für emotionale Entgleisungen ist, dass die Menschen anschließend meist nicht begründen können, weshalb sie so gehandelt haben. Der Neurowissenschaftler LeDoux entdeckte Gehirnstrukturen, die es erlauben, ohne die Kontrolle des Großhirns, des denkenden Gehirns spontan emotional zu reagieren. Als indirekter Auslöser für solches Überreagieren gelten die Mandelkerne, zwei mandelförmige Gebilde im Gehirn (je einer pro Gehirnhälfte). Nach neueren neurologischen Forschungen speichern diese Mandelkerne Emotionen, positive wie negative, auch solche, die die betreffende Person nicht bewusst wahrgenommen hat. Stresserscheinungen wie schlechte Laune können sich einstellen, ohne dass Gründe dafür offensichtlich sind. Zum Teil bedauern die Personen nachher ihr „Überreagieren", oft wird es jedoch als „nötiges Luftablassen" entschuldigt. Es kann sich eine Übererregbarkeit aufbauen, die über Tage anhalten kann; bei andauernden Stresseinflüssen kann dieser Zustand eskalieren. Er kann sich äußern in Form von Ängsten, Zorn und Depressionen.

Als allgemeiner Auslöser von Zorn gilt das Gefühl, „gefährdet zu sein". Dies muss keineswegs eine tatsächliche körperliche Bedrohung sein, sondern es ist häufiger die persönliche Einschätzung, dass die Selbstachtung und die Würde bedroht sind. Dieser Eindruck entsteht, wenn das Erreichen eines angestrebten, wichtigen Zieles verhindert wird oder wenn man sich erniedrigt, ungerecht behandelt, beleidigt oder gemobbt fühlt (vgl. Goleman 1995, 31 ff.).

Stress bedeutet also:

- niedrige Schwelle für Wutauslöser, Aggressionen;
- als mögliche Folgen: emotionale Entgleisungen oder Bereitschaft zu Gewalt, selbst bei geringfügigen Anlässen.

Das Problem Aggression im Schulalltag wäre sicher als zu einfach bewertet, würde man Stress als Alleinursache und Stressreduktion als Lösung ansehen – Strategien zur Stressbewältigung sind aber sicherlich ein guter Ansatzpunkt.

Strategien zur Stressbewältigung

Kann Schulstress vermieden werden? Stressoren völlig aus der Schule zu eliminieren ist sicherlich nicht möglich. Schule ist ein Ort von Menschenansammlungen und von Leistungsanforderungen – folglich ein Ort mit typischen Grundvoraussetzungen für das Auftreten von Stressoren. Dennoch sind die Verantwortlichen im Schulbereich gefordert zu überdenken und zu realisieren, was zu verbessern wäre.

„Ich habe Stress!“ → **Stress-vermeidung** → Reststress → **Reduktion von Stressfolgen** → „Es geht mir gut!“

Stressvermeidung

Stressursachen beseitigen sich in der Regel nicht von selbst. Stresstherapeuten empfehlen ein Gespräch, das analysiert und Lösungen aufzeigt. Wichtig ist, den Schülern klarzumachen, dass sie mit ihrem Stress keine einsamen Versager sind und dass sowohl sie selbst als auch wir gemeinsam im Klassenverband etwas dagegen tun können.

Mögliche Gesprächsinhalte:

Kann ich Stressoren im privaten und schulischen Bereich reduzieren oder ganz eliminieren, z.B. unter dem Motto „das Leben entrümpeln“ oder „sinnvolles Time-Management“?

Kann ich negative Emotionen wahrnehmen und ausschalten, z.B. mich nicht unnötig ärgern, etwa wenn ich im Bus keinen Sitzplatz bekomme?

Kann ich meine Lebenseinstellungen zum Positiven hin ändern, kann ich positiv denken und optimistisch sein?

Wie kann ich effektiv arbeiten und somit Stressoren vermeiden?

Ich kann mir belastende Situationen vorher bildhaft so vorstellen, dass sie positiv ablaufen – das stärkt das Selbstvertrauen!

Als Zusatzliteratur dazu empfehle ich Dale Carnegie: Sorge dich nicht – lebe!, 1997; und Hubert Teml: Zielbewußt üben – erfolgreich lernen, 1996 (vgl. Literaturverzeichnis).

Stressbewältigung durch die Reduktion von Stressfolgen

Auch bei erfolgreicher Stressvermeidung: ein Rest an Stress bleibt immer. Doch:

Stressattacken verlieren ihren Schrecken, der Teufelskreis Stress wird unterbrochen, wenn man in der Lage ist, die Anzeichen von Stress zu erkennen und bei Bedarf konsequent Maßnahmen zur Stressbekämpfung einleitet.
Deshalb: Wir müssen unsere Schüler lehren, durch Bewegung und Entspannung aktiv Stress abzubauen!

Eine Reduktion von Stressfolgen entspricht zwar einer Symptombehandlung; da man jedoch in der Schule, im Privatleben und im Berufsleben immer Stressoren ausgesetzt sein wird, sind solche Strategien eine wichtige Lebenshilfe. Denn viele chronisch gestresste Menschen sind sich oft nicht bewusst, dass sie unter Stress stehen, sie merken gar nicht, dass ihre Muskeln verspannt sind, solange sie nicht schmerzen.

Wie lassen sich Stressfolgen reduzieren?

- **Machen Sie mit Ihren Schülern Bewegungs- und/oder Entspannungsübungen im Klassenzimmer.**

Aktive Pausen, das sind Pausen mit gezieltem Einsatz von Bewegungs- und Entspannungsübungen, bekämpfen den Stress bei weitem effektiver als reine Ruhephasen (siehe dazu die Übungen in Kapitel 4).
Aktive Pausen sollen zur Gewohnheit und zur Selbstverständlichkeit werden.

- **Zeigen Sie Ihren Schülern unauffällige Übungen.**

Dies ist die hohe Kunst, fit und leistungsfähig zu bleiben, auch bei Belastungen. Übungen dazu finden Sie in Kapitel 4 im Abschnitt „Übungen zum Entspannen“ und „Übungen zur Kräftigung“.

- **Übungen in der Freizeit bieten sich an.**

Ausgleichende Tätigkeiten, die Spaß und Freude bringen, dazu gehören auch körperliche Aktivität und Entspannungsübungen, mindern Stress (siehe dazu auch „Das Klima in der Klasse“, S. 39 ff.). Eine Reihe von Übungen kann man unauffällig in der Öffentlichkeit durchführen, beispielsweise während einer Bahnfahrt oder bei Tisch. Vielleicht gewöhnen wir uns noch daran, in der Öffentlichkeit ungeniert gymnastische Übungen zu machen, wie es in asiatischen Kulturen üblich ist. Dazu möchte ich meine Schüler ermuntern.

- **Gezielt einsetzen lassen sich Übungen bei schulischen Belastungen.**

An unserer Schule ist es in vielen Klassen schon üblich, dass Schüler vor Klassenarbeiten Bewegungs- und Entspannungsübungen durchführen, allein oder gemeinsam mit dem Lehrer. Auch während der Arbeit unterbrechen einzelne Schüler kurz, um Übungen zur Stressbewältigung zu machen.

- **Veranlassen Sie Ihre Schülerinnen und Schüler, ihre Sitzhaltung häufig zu ändern.**

Seien Sie tolerant, auch wenn nicht jede Haltung als „ordentlich" einzustufen ist.

- **Verwenden Sie Lernformen** (z.B. die Moderationsmethode oder Freiarbeit)**, die mehr Bewegung zulassen.**

Schon allein dadurch kann mehr Bewegung in den Unterricht integriert werden, dass die Schüler ihren Sitzplatz verlassen dürfen. Vielfach kann Bewegung direkt mit dem Unterrichtsstoff verknüpft werden (Beispiele dazu in Kapitel 5).

Wie funktioniert Lernen?

Die Gehirnhemisphären und ihre Funktionen

Nachdem Roger Sperry 1981 für seine Gehirnforschungen an Split-Brain-Patienten der Nobelpreis verliehen wurde, folgten auf der Basis seiner Untersuchungen eine Reihe neuer Erkenntnisse. Bei Split-Brain-Patienten (engl. *split* = „gespalten", *brain* = „Gehirn") durchtrennt man im Gehirn den Balken (Corpus callosum), ein dickes Nervenfaserbündel, das die beiden Hälften des Großhirns verbindet. Damit wird die Verbindung zwischen den beiden Großhirnhemisphären (dem „denkenden Gehirn") unterbrochen, zu den übrigen Gehirnteilen besteht nach wie vor Kontakt. Dieser Eingriff hilft Personen mit einer bestimmten Form schwerer Epilepsie dadurch, dass der Anfall nicht von einer Hemisphäre auf die andere überspringen kann. Bei Split-Brain-Patienten vermag jede ihrer Hemisphären für sich Dinge wahrzunehmen und zu tun, unabhängig von der anderen (vgl. Springer/Deutsch 1993, 19).

Demonstration der Balkendurchtrennung (zur Verdeutlichung der Spaltung wurden die Hemisphären hier grafisch auseinander geschoben)

Dass jede Gehirnhälfte für die gegenüberliegende Körperseite zuständig ist, was die Sinnesorgane und Bewegungen betrifft, war bereits bekannt. So kann man beispielsweise nach einer Betäubung der rechten Hemisphäre noch den rechten Arm bewegen, den linken dagegen nicht und umgekehrt. Das Gehirn von Split-Brain-Patienten zeigte überraschenderweise zudem deutliche funktionelle Unterschiede. Verbindet man z.B. einem Split-Brain-Patienten die Augen und lässt ihn mit der rechten Hand einen Gegenstand ertasten, so hat er keine Schwierigkeiten, diesen zu benennen. Tastet er mit der linken Hand, wird er nicht sagen können, was er ertastet hat, da die linke Hand von der rechten Hemisphäre gesteuert wird, das Sprachzentrum hingegen in der linken Hemisphäre liegt, die Verbindung zwischen beiden aber unterbrochen ist (Springer/Deutsch 1993, 17). Bei der Verteilung der Aufgaben auf die Gehirnhälften gibt es überwiegend Übereinstimmungen, allerdings auch individuelle Abweichungen. So werden z.B. „bei über 95 Prozent der Rechtshänder, bei denen es keine Hinweise auf eine frühe Hirnschädigung gibt, Sprechen und Sprachfunktionen durch die linke Hälfte kontrolliert“ (Springer/Deutsch 1993, 29).
Die sensationellen Entdeckungen bei Split-Brain-Patienten konnte man durch Untersuchungen bei neurologisch Gesunden bestätigen. Steigt nämlich in einem bestimmten Gehirnareal die Stoffwechselaktivität, so ist der zuständige Arbeitsbereich lokalisiert. Man misst die Durchblutung (z.B. mit dem radioaktiven Xenon 133), registriert elektrische (EEG) oder magnetische Felder (MEG) oder analysiert den Abbau markierter Nährstoffe (ECT). (Die Abkürzungen bedeuten: EEG = Elektroencephalogramm, MEG = Magnetoencephalogramm, ECT = Emissionscomputertomographie, die als SPECT = Single-Photon-Emissionscomputertomographie und PET = Positronenemissionstomographie Verwendung findet.)

Prohovnik und seine Mitarbeiter stellten fest, dass gewisse „Regionen der beiden Gehirnhälften dazu tendieren, ihre Durchblutungsraten simultan zu verändern, wenn etwa der Ruhezustand der Versuchsperson schwankt oder wenn sie einfache sensorische oder motorische Aktivitäten durchführt“ (Springer /Deutsch 1993, 96). Die Durchblutungsraten erhöhen sich dagegen bei schwierigeren Aufgaben mit anspruchsvoller geistiger Beanspruchung weniger symmetrisch (Springer/Deutsch 1993, 96). **Dies ist ein Hinweis darauf, dass man mit einfachen Bewegungsübungen beide Gehirnhälften zu aktivieren vermag!**

Die Verteilung der Aufgaben auf das Großhirn zeigt den Schwerpunkt für linear-abstraktes Denken in der linken Hemisphäre, während die rechte primär für bildhaftes, ganzheitliches Denken und für Emotionen verantwortlich ist. Normalerweise sind die Hemisphären im Alter von etwa zwölf Jahren auf ihre Aufgaben hin spezialisiert (Hannaford 1997, 94), nur bei wenigen Menschen sind die Aufgaben vertauscht.

Verteilung der Funktionen auf die beiden Großhirnhemisphären:

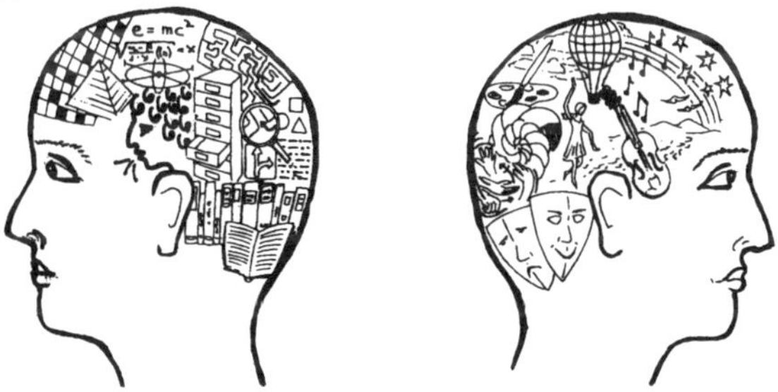

Funktionen der linken Hemisphäre	***Funktionen der rechten Hemisphäre***
digitales Denken	analoges Denken
Regeln, Gesetze	bildhafte Vorstellungen
Analyse	Synthese (z.B. deduktives Schließen)
logisches Denken	Emotionen (auch Gefühlskomponenten der Sprache), Intuition, Humor
Details	ganzheitliche Erfahrungen
Lesen, Sprache (außer Gefühlskomponenten)	Körpersprache
Wissenschaft	Rhythmus, Tanz, Kunst
Zeitplanung	Raumgefühl
steuert Sinnesorgane und Bewegungen der rechten Körperseite (fast ausschließlich)	steuert Sinnesorgane und Bewegungen der linken Körperseite (fast ausschließlich)

Die Bedeutung des Hemisphärenmodells für das Lernen

Wirkt sich die Aufgabenverteilung zwischen den beiden Großhirnhemisphären nachteilig auf das Lernen aus? Nein wäre die Antwort, würde das Team rechte + linke Gehirnhälfte gut zusammenarbeiten. Tatsächlich findet sich jedoch „bei allen Menschen eine mehr oder weniger ausgeprägte Dominanz“ (Hannaford 1997, 95). Bei den meisten Schülern ist es die linke Gehirnhälfte, kein Wunder, wird sie in der Schule doch besser trainiert als ihr Gegenüber.

Insbesondere „unter Stress funktioniert effektiv nur eine Gehirnhälfte“ (Hannaford 1997, 217). Sind Teile des Gehirns praktisch abgeschaltet, so spricht man von Switching (vom englischen *to switch* = schalten). Unter Stress mangelt es uns an planvollem, folgerichtigem Denken, verbunden mit Schwächen in der sprachlichen Ausdrucksweise, wenn unser Schwerpunkt auf der rechten Gehirnhälfte liegt. Dominiert unsere linke, die „Logik-Hemisphäre“, so können wir unter Umständen noch exzellent linear-analytisch denken, die ganzheitliche, synthetische Denkweise jedoch, das Denken in Bildern und Modellen, wird uns schwer fallen; womöglich „sehen wir vor lauter Bäumen den Wald nicht“! Speziell im zwischenmenschlichen Bereich laufen wir Gefahr, „wertvolles Porzellan zu zerschlagen“, da unsere Intuition, unser Erkennen und Verarbeiten von Gefühlen – elementare Werkzeuge für die emotionale Intelligenz! – eingeschränkt sind.
Nach Howard Gardner stehen dem Menschen sieben Arten von Intelligenz zur Verfügung: die logisch-mathematische, die linguistische, die räumliche, die körperlich-kinästhetische, die musikalische, die interpersonale und die intra-personale Intelligenz (Gardner 1994, 75 ff.).

Viele Autoren werfen der Schule vor, sie verschenke wertvolles Lernpotenzial, indem sie überwiegend die logisch-mathematische sowie die linguistische Intelligenz fördert, die anderen hingegen vernachlässigt.
Dies entspricht einer einseitigen Förderung der (meist) linken Hemisphäre, da beide Intelligenzformen hier lokalisiert sind!

Welche Konsequenzen hat dies für die Schule? Die Frage ist, wie man die Mitarbeit der rechten Hemisphäre gewinnen kann. Gelingt es, bei Lernvorgängen beide Hälften anzusprechen, ist eine Teamarbeit zwischen beiden gesichert. Eine einfache Möglichkeit sehe ich darin, beim Lernen Assoziationen zu Leistungen der rechten Hemisphäre zu schaffen.
Forschungen über das Gedächtnis ergaben, dass das Gehirn Informationen in der

Regel nicht linear verarbeitet, wie früher angenommen wurde, sondern assoziativ. Inhalte werden nicht nur an einer Stelle im Gehirn verarbeitet und gespeichert, sondern sie werden in einzelne Wahrnehmungen aufgespalten und verteilen sich dann auf verschiedene Gehirnareale. So werden z.B. visuelle Wahrnehmungen im Hinterhauptslappen verarbeitet, Klänge dagegen im Schläfenlappen. Außerdem erfolgt die Verarbeitung von Inhalten vielfach nicht begrenzt auf einen abgegrenzten Gehirnbereich, sondern erstreckt sich über verschiedene Gebiete des Gehirns. Ein Teil der Erinnerung kann primär von nur einem Speicherplatz ausgehen und die restlichen Speicherplätze werden vom Gehirn nach und nach freigegeben, beim komplexeren Erinnern wird die Information verschiedener Speicherplätze zu einer einzigen Erinnerung verschmolzen (vgl. Hannaford 1997, 73 f.).

Lernen und Erinnern

Die folgende Aufstellung macht deutlich, inwiefern man Lernpotenzial vergeudet, wenn man nur einen Teil der möglichen Lernkanäle nutzt. Wenn wir Inhalte nur hören, nur lesen oder nur sehen, kann sich unser Gehirn weniger als 50 Prozent merken. Wenn wir zugleich hören und sehen, verlieren wir zwar noch 50 Prozent, dieses Verfahren ist im Schulalltag allerdings vielfach einsetzbar. Selber reden und selber etwas tun sind die besten Lernmethoden.
Wir können uns merken:

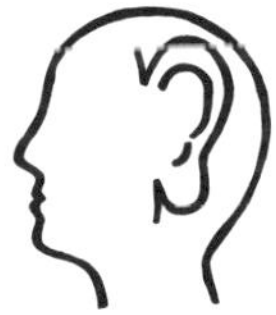

20% von dem, was wir nur hören

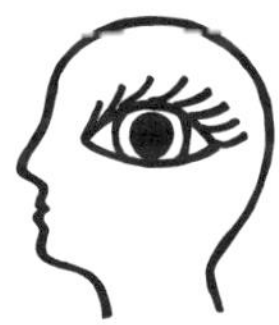

30% von dem, was wir nur sehen

80% von dem, was wir sagen

90% von dem, was wir tun

(nach Witzenbacher 1985, 17)

Das limbische System ist der Sitz des Kurzzeitgedächtnisses und es hat eine entscheidende Funktion bei der Formierung der Erinnerungen für das Langzeitgedächtnis (Thompson 1994, 440 f.; Hannaford 1997, 63 f.). Das limbische System setzt sich zusammen aus Teilen des End- und Zwischenhirns, seine wichtigsten Strukturen für Lernen und Erinnern sind der Mandelkern und der Hippocampus, der Mandelkern speichert zudem Emotionen.
Bemerkenswert am limbischen System sind die engen Verknüpfungen bei der Verarbeitung von Wahrnehmungen, Emotionen und Bewegungen. Man schließt daraus, dass wir für das Lernen und Erinnern einerseits die Wahrnehmung nutzen, andererseits dazu eine persönliche emotionale Beziehung und Bewegung brauchen. „Unter sozialen Gesichtspunkten betrachtet, entspringt alles, was wir tun, dem Bedürfnis, in unserer Gruppe akzeptiert zu sein, um überleben zu können" (Hannaford 1997, 65). Außerdem muss nach Hannaford der Lernende, um zu lernen und kreativ zu sein, ein emotionales Engagement verspüren.
Im Abschnitt „Denkblockaden" (S. 18 f.) wird die durch Stress verminderte kognitive Leistung erläutert. Dass schlechte Laune den Lernprozess stört, wird im Abschnitt „Das Klima in der Klasse" dargestellt (S. 39 ff.).

Konsequenzen für den Schulalltag

Was wäre „gehirngerechtes Lernen"?

➠ Bewegung und Entspannung fördern Lernen und Erinnern!
Bewegung fördert die Lernleistung – wissenschaftliche Untersuchungen dazu werden in den folgenden Abschnitten dieses Buches dargestellt. Neben einigen stoffwechselfördernden Komponenten, der Aktivierung der zweiten Gehirnhälfte sowie einer Stressreduktion wird die Verknüpfung von Lernen und Bewegung durch die enge neurale Vernetzung im limbischen System deutlich. Die Neurophysiologin und Pädagogin Carla Hannaford stellt fest: „Ohne irgendeine Bewegung ist kein bewusstes Denken möglich" (Hannaford 1997, 102).

Wie bringe ich mehr Bewegung in den Unterricht?
- Durch die tägliche Bewegungszeit, als isolierte Bewegungs- und Entspannungseinheit oder als eine Verknüpfung von Bewegung mit Inhalten (siehe dazu Kapitel 2–5).
- Durch Sprechen und Schreiben, obwohl dies Bewegungen mit geringer Intensität sind.
- Durch Lernformen, die mehr Bewegung zulassen.

Zu diesen Lernformen zählen handlungsorientiertes Lernen, die Freiarbeit, die Teamarbeit, die Moderationsmethode (= Metaplan-Methode) und andere. Jedoch könnte man auch diese Lernformen mit einem „Sitzzwang" verbinden! Erlauben Sie Ihren Schülern, wenn sie z.B. in Teams arbeiten, ihren Platz zu verlassen, sich im Stehen oder im Gehen zu unterhalten oder sogar auf dem Tisch zu sitzen. Können Sie sich das vorstellen? Bei einem Rundblick durch das Klassenzimmer sieht das natürlich etwas unordentlich aus!
Zum Einwand, die zusätzliche Geräuschkulisse störe beim Arbeiten, ist Folgendes zu bemerken: Das Arbeitsgedächtnis wird allgemein durch die Schall*struktur* gestört; bis 80 Dezibel, das entspräche der Lautstärke eines Pkw-Motors, stört die Lautstärke allein nicht. Störend auf das Arbeitsgedächtnis wirkt die Schallstruktur der Sprache und zwar deren Pausen von winzigen Bruchteilen einer Sekunde (Hellbrück, 1997, 136). Grundregel für das Arbeiten mit diesen Lernmethoden ist daher: Wir reden dabei so leise, dass wir andere nicht beim Arbeiten stören!
Besonders hervorheben möchte ich das handlungsorientierte Lernen, da Handlungen, also Bewegungen, ein fester Bestandteil dieser Lernform sind, ein *„learning by doing"* im Vordergrund steht. Beispiele für (teilweise fächerübergreifende) Projektideen sind: Darstellungen erarbeiten wie (Wand-) Zeitungen, Bilder, Modelle, Programme für Aufführungen, Ausstellungen; praktisches Arbeiten, Ausflüge, Exkursionen, Vorführungen vorbereiten und durchführen. Mit handlungsorientiertem Lernen sowie mit allen anderen Lernformen, bei denen Schüler etwas im Team erarbeiten, lässt sich auch ideal gezielt die emotionale Intelligenz schulen.
Als weiterführende Literatur dazu empfehle ich Hilbert Meyer: Unterrichtsmethoden, 1987 (vgl. das Literaturverzeichnis).

➡ Das Visualisieren fördert Lernen und Erinnern!

Bereits Aristoteles erkannte einen Zusammenhang zwischen Fantasie und Denkprozessen: „Wie ich betreffs der Fantasie schon in der Schrift ‚Über die Seele' gezeigt habe, kann man ohne Fantasie nicht denken."
Mit der Fähigkeit zum Visualisieren, dem Denken mit Bildern, verbinden auch viele Gehirnforscher den Schlüssel zum Lernerfolg. Diese einfache Technik, sich Inhalte besser zu merken, besteht im Verknüpfen der Inhalte mit einem Fantasiebild. Hierbei wird Fantasie benötigt, die beim Erwachsenwerden allzu oft verdrängt worden ist. Bei bildhaften Vorstellungen wird sowohl die rechte „bildhafte" Gehirnhälfte eingesetzt als auch ein zusätzlicher Speicherplatz im Gehirn belegt. Wenn Sie mit Ihren Schülern Visualisierungsübungen machen, kann die bildhafte Vorstellung Teil Ihres Unterrichtsstoffes sein oder, zum Üben dieser Fähigkeit als Erholungsphase, frei gewählt werden.

Übungen zum Visualisieren lassen sich hervorragend mit Entspannungsübungen verbinden und sind in dieser Form auch für alle Klassenstufen geeignet: Man setzt sich entspannt hin, schließt eventuell noch die Augen und macht sich zusätzlich ein Bild von Gegenständen, Orten, Personen, Pflanzen, Tieren, Vorgängen, Erlebnissen, ... (mehr dazu in Kapitel 4 und 5).
So verbindet man Visualisieren mit Bewegung: Mit entsprechenden pantomimischen Darstellungen assoziiert man Vorstellungen, Bilder, Wortbedeutungen, Zahlen, Buchstaben, geometrische Formen, Gegenstände, Tätigkeiten, Emotionen, ... Beispiele: sich die Haare bürsten, wischen, etwas hochheben, ...
Ideal ist diese Methode für den Sprachunterricht – beim Einführen von neuen Begriffen (Deutsch und Fremdsprachen), beim Vorlesen einer Geschichte usw. (siehe dazu Kapitel 5).
Eine Variation des Lernens mit Fantasiebildern ist die *Loci-Methode*: Dafür wählt man zunächst vertraute Orte, wie z.B. das Schulhaus. Komplizierte Abfolgen, etwa die einzelnen Stationen bei der Fotosynthese, merkt man sich dann, indem man eine Station gedanklich mit dem Bild des Flurs verknüpft, die nächste mit der Treppe, die folgende mit dem Verkaufsstand für Backwaren usw.

➡ Eine stressarme Lernatmosphäre fördert Lernen und Erinnern!

Es bedarf einer stressarmen Unterrichtsatmosphäre, damit keine stressbedingten Beeinträchtigungen der Denkprozesse auftreten, wie zu Beginn dieses Kapitels erläutert. Die Kapitel 4 und 5 enthalten Übungen, mit deren Hilfe eine Stressreduktion herbeigeführt werden kann.

➡ Eine Kombination der Leistungen beider Gehirnhälften fördert Lernen und Erinnern!

Die Abbildung rechts macht deutlich, wie man die Leistungen der rechten und linken Hemisphäre kombinieren und somit eine Zusammenarbeit der beiden Großhirnhälften gewährleisten kann. Die fett gedruckten Elemente können gezielt mit Bewegungs- und Entspannungsübungen geschult werden.

Mind Maps berücksichtigen in besonderem Maße die assoziative Arbeitsweise des Gehirns beim Lernen und Erinnern. Außerdem werden beide Gehirnhälften aktiviert. Die linke durch die kognitive, hierarchische Aufgliederung des Themas, die rechte durch die bildhafte Wiedergabe der Inhalte, unterstützt durch Farben und Formen (z.B. geometrische Figuren, Pfeile, Symbole). Die Darstellung von Inhalten in Form einer Mind Map hilft dem Gehirn somit, die Inhalte besser zu verarbeiten.
So erstellt man eine Mind Map: Die Inhalte werden in Form einzelner Wörter oder kurzer Aussagen festgehalten. Zuerst wird das zentrale Thema, die Haupt-

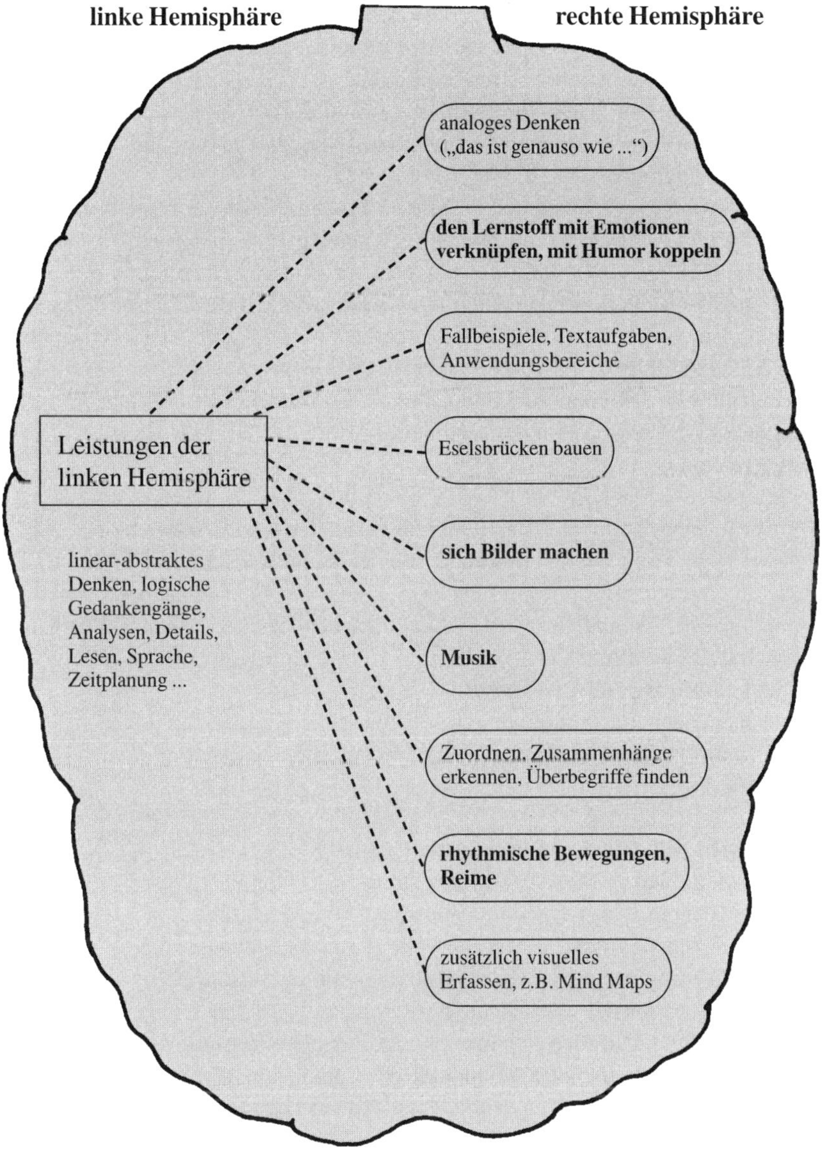

------ gedankliche Verknüpfungen beim Lernen

Verknüpft man Leistungen der rechten und der linken Gehirnhemisphäre, so erreicht man eine Integration (= Zusammenarbeit) der beiden Gehirnhälften.

idee, in der Mitte notiert und optisch besonders hervorgehoben. Alle Wörter, auch die folgenden, werden in Druckschrift geschrieben, da die Druckschrift ein fotografisches, leicht erkennbares Bild ermöglicht. Die folgenden Wörter werden auf Linien geschrieben, wobei die Gliederungspunkte als Hauptäste vom zentralen Thema abzweigen, die einzelnen Unterpunkte werden an diese angeschlossen. Ein Beispiel für eine Mind Map siehe Seite 45.
Die Anwendungsmöglichkeiten für Mind Maps sind vielfältig, besonders eignen sie sich zum Festhalten der einzelnen Argumente bei Diskussionen.
Die Mind-Mapping-Technik bietet gegenüber linearen Aufzeichnungsformen auch praktische Vorteile: Die Hauptidee wird anschaulich herausgestellt, Verknüpfungen zu Überbegriffen werden deutlich erkennbar und neue Informationen können problemlos hinzugefügt werden.
Weiterführende Literatur zu Mind Maps: Tony Buzan: Kopftraining, 1993; zu Lerntechniken: Jürgen Hüholdt: Wunderland des Lernens, 1993 (vgl. das Literaturverzeichnis).

➠ Emotional geprägtes Lernen fördert Lernen und Erinnern!
Je stärker ein Fantasiebild emotional geprägt ist, desto leichter haftet es im Gehirn. Sich emotional für das Lernen zu engagieren heißt aber auch, motiviert zu sein! Diese Problematik ist aus der pädagogischen Praxis altbekannt: **Wie motiviere ich die Schüler?** Oder aus der Sicht der Gehirnforschung: **Zum Lernen gehört emotionales Engagement!**
Siehe dazu auch die Abschnitte „Das Klima in der Klasse", S. 39 ff.; „Positives Denken und Ankern", S. 41 f., und „Die Entwicklung einer emotionalen Intelligenz", S. 34 f.

➠ Gute Laune fördert Lernen und Erinnern!

Das Fließen, auch als Flow-Effekt bezeichnet (Csikszentmihalyi, 1985), ist der optimale Lern- und Arbeitszustand schlechthin. Die Menschen schenken ihrem Tun die volle Aufmerksamkeit und sind gleichzeitig entspannt, selbstvergessen und gut gelaunt bei ihrer Aufgabe. So sind sie zu Höchstleistungen fähig. Schüler, die entspannt und gut gelaunt sind, befinden sich in einem lernbereiten Zustand. Wie erreicht man dies? In den Kapiteln 3 und 4 finden Sie Beispiele, wie man in Verbindung mit Bewegungs- und Entspannungsübungen dazu beitragen kann.
Aber: Gestresste Menschen oder Menschen, die verärgert oder angespannt sind, erreichen diesen Zustand nicht! Untersuchungen am Gehirn machten deutlich, dass bei schlechter Laune kognitive Zentren „wie abgeschaltet" sind (Ochmann 1998, 50). Goleman (1995, 50) formuliert es noch prägnanter:
„Schüler, die ängstlich, verärgert oder deprimiert sind, lernen nichts".

Lernen mit allen Sinnen fördert Lernen und Erinnern!
Erfolgreiche Lerntechniken sollten der Verarbeitungsweise des Gehirns angepasst werden und möglichst viele sensorische Kanäle nutzen, um so möglichst viele Speicherplätze zu belegen.

„Gehirngerechtes Lernen“

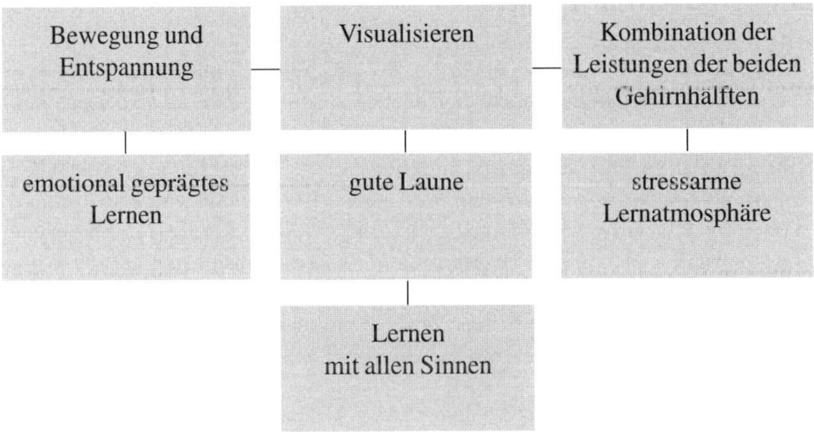

Ganzheitliche Lehr- und Lernformen

Ganzheitliche Lehr- und Lernformen haben den Vorteil, dass einige der oben zusammengestellten Punkte bereits von der Zielsetzung her integriert sind. Die übrigen Punkte können, wie auch bei den anderen Lehrformen, problemlos mit einbezogen werden.
Die Forderung nach ganzheitlichen Lehr- und Lernformen ergibt sich aus der Arbeitsweise unseres Gehirns sowie aus Erfordernissen für die Arbeitswelt, wie Studien von Fachleuten, z.B. für den Club of Rome, darlegen. **Ganzheitlichkeit bedeutet, möglichst viele Wahrnehmungsmöglichkeiten und Aspekte zu nutzen und beim Lernprozess auf die Person einzugehen.** Dazu gehört: Lernen mit allen Sinnen, handlungsorientiertes Lernen, fächerübergreifendes Lernen, Neurolinguistisches Programmieren, bewegtes Lernen mit gezielter Integration von Bewegungen in den Lernprozess, Entspannungsübungen, Suggestopädie, die Schulung der emotionalen Intelligenz u.a.

Als Grundlage zum Erreichen eines umfassenden Lernpotenzials bzw. einer umfassenden Intelligenz sind darüber hinaus intensives „Lernen mit allen Sinnen" sowie die Entwicklung einer emotionalen Intelligenz von elementarer Bedeutung.

Lernen mit allen Sinnen

„Lernen mit allen Sinnen" bedeutet für die Schule eine multisensorische Vermittlung des Unterrichtsstoffes. Dabei werden primär die visuellen, auditiven und kinästhetischen (Bewegungen und Berührungen betreffenden) Sinneskanäle angesprochen, Geruch und Geschmack spielen eine untergeordnete Rolle. Die einzelnen Sinneskanäle werden genutzt und damit zugleich trainiert. Schüler mit dem Schwerpunkt auf einem Lerntyp – dem visuellen, auditiven oder kinästhetischen – lernen, die anderen Sinneskanäle einzusetzen und so ihr Lernpotenzial zu erweitern.
Durch ein Lernen mit allen Sinnen bietet man den Schülern außerdem Erfahrungsmöglichkeiten, die Defizite aus Erziehung und Alltag ausgleichen. Die Schüler dürfen selbst erleben, entdecken, ausprobieren, be-greifen, kreativ sein.

Ich empfehle dazu zusätzliche Literatur zum Neurolinguistischen Programmieren (NLP), insbesondere Michael Grinder: NLP für Lehrer, 1995 (siehe Literaturverzeichnis).

Die Entwicklung einer emotionalen Intelligenz

Lange Zeit galt der Intelligenzquotient (IQ), der sich auf linkshemisphärische Fähigkeiten stützt, als Maß für eine allgemeine Intelligenz. Inzwischen hat man die Bedeutung von sozialer Kompetenz erkannt, die die Leistungen der rechten Hemisphäre wiedergibt und die man als emotionale Intelligenz bezeichnet. Goleman führt in seinem Buch „Emotionale Intelligenz" die von Peter Salovey formulierten fünf Bereiche der emotionalen Intelligenz auf. Die Anmerkungen machen deutlich, wie Sie in Ihrem Unterricht mit einem Bewegungs- und Entspannungsprogramm die emotionale Intelligenz Ihrer Schüler fördern können (vgl. zu Folgendem Goleman 1995, 65):

1. **Die eigenen Emotionen kennen**
   Die Fähigkeit zur Selbstwahrnehmung, zur Beobachtung der eigenen Gefühle.

Dies zu können gilt als Basis für emotionale Intelligenz.
Im Abschnitt „Übungen zum Entspannen“ in Kapitel 4 finden Sie Anleitungen zur Körperwahrnehmung und zum Beobachten der eigenen Emotionen.

2. **Emotionen handhaben**
   Die Fähigkeit sich selbst zu beruhigen, Ängste abzuschütteln.
   Durch Bewegungs- und Entspannungsübungen lernen Schüler ihr Erregungsniveau zu senken.
3. **Emotionen in die Tat umsetzen**
   Die Fähigkeit zur Selbstmotivation, zur emotionalen Selbstbeherrschung.
   Sich selbst in einen lernbereiten Zustand versetzen, das Selbstvertrauen stärken, sich selbst motivieren – dies ist mithilfe „positiver Glaubenssätze“ möglich (siehe „Positives Denken und Ankern“ in Kapitel 1, S. 41). Diese lassen sich leicht mit Bewegungs- und Entspannungsübungen koppeln.
4. **Empathie**
   Die Fähigkeit nachzuempfinden was andere fühlen ist die Grundlage für Menschenkenntnis.
   Emotionen durch Pantomime zeigen, bei einer isolierten Bewegungspause oder bei der Darstellung eines Textinhaltes, sind bei Lehrern und Schülern beliebte Übungen. Ein wichtiger Baustein für Empathie ist es, Körpersprache zu verstehen. Dies setzt aber voraus, Körpersprache erlernt zu haben.
5. **Umgang mit Beziehungen**
   Die Fähigkeit, die Emotionen der Mitmenschen angemessen zu handhaben.
   Gezieltes emotionales Lernen im Team ermöglicht ein rivalitätsarmes, harmonisches Zusammenarbeiten.

Nun kann man sicher fragen: Was soll die Schule neben der Stoffvermittlung noch alles leisten? Aus drei Gründen erscheint mir die Förderung der emotionalen Intelligenz und damit das emotionale Lernen in der Schule nötig:

1. Emotionale Intelligenz wird als wichtige Grundlage für ein erfolgreiches Leben in Beruf und Familie betrachtet.
2. In der heutzutage üblichen Kleinfamilie haben die Kinder in der Regel nicht die Voraussetzungen, das notwendige Maß an sozialer Kompetenz zu erlangen.
3. Mit den eigenen Emotionen und denen anderer verantwortungsvoll umzugehen ermöglicht ein friedvolles Miteinander und entspanntes Lernen.

Bewegungs- und Entspannungsübungen fördern die Lernleistung

Wie Bewegung zum Unterrichtserfolg beitragen kann

In welchem Zusammenhang stehen körperliche Aktivität und Gehirnaktivität, inwiefern kann also Bewegung die Lernleistung beeinflussen? Die Ergebnisse verschiedener Untersuchungen sind beeindruckend:

1. **Bewegung bewirkt eine Durchblutungssteigerung im Gehirn.** Entgegen bisheriger Annahmen ist nicht das Kleinhirn für Bewegung zuständig, sondern das Großhirn, in dem auch die Denkprozesse ablaufen. Das Kleinhirn wird nur dann aktiv, wenn wir zusätzlich etwas erfühlen (vgl. Ochmann 1998, 50). Eine deutliche Zunahme der Durchblutung in regionalen Großhirnabschnitten tritt bereits bei Fingerbewegungen auf (vgl. Hollmann/Strüder 1996, 47). Eine Belastung von 25 Watt auf dem Fahrradergometer führt zu einer Durchblutungssteigerung des Großhirns von ca. 15%, bei 100 Watt liegt sie bei 25–40% und mehr. Die Bereiche mit vergrößerter Blutmenge erstrecken sich über die gesamte Großhirnrinde (vgl. Wilhelm 1997, 108).

> 25 Watt Belastung entsprechen einem normalen Spaziergang und gelten nach amerikanischen Untersuchungen als optimaler Wert für geistige Arbeit während oder kurz nach der Bewegung! (Vgl. Jasper 1998, 21 f.)

2. **Bewegung aktiviert lustauslösende Zentren im Gehirn**, deren Gesamtheit man als Belohnungssystem bezeichnet. Als Folge davon wird die Stimmungslage positiv beeinflusst (vgl. Hollmann/Strüder 1996, 49 f.). Hollmann/Strüder beschreiben Tierversuche, die ergaben, dass Tiere sich selbst bis an den Rand des Hungertodes brachten, wenn sie gezielt einzelne Belohnungspunkte reizen konnten. Sie vergaßen einfach, genügend zu fressen.
3. **Bewegung regt die Ausbildung neuraler Verbindungen im Gehirn an.** Durch Bewegung werden vermehrt Neurotrophine gebildet (Hannaford 1997, 122, 136). Neurotrophine sind natürliche Stoffe, die das Wachstum der Nervenzellen anregen und so die Anzahl der neuralen Verbindungen im Gehirn vermehren. Dadurch können neue Synapsen, das sind Verbindungen zwischen den Nervenzellen, entstehen, was zu einer stärkeren Vernetzung im Gehirn führt und somit komplexeres Denken fördert.
4. **Bewegung aktiviert blockierte, vernachlässigte Gehirnteile.** Speziell Koordinationsübungen und Übungen in Verbindung mit einer bildhaften Vorstellung holen diese Gehirnteile aus ihrer Passivität (vgl. Übungen in Kapitel 4).

5. **Bewegung fördert den kinästhetischen Lerntyp** sowie den kinästhetisch-sensorischen Kanal der ganzen Klasse. Ein Beispiel dazu: Vokabeln werden eingeführt verbunden mit entsprechenden pantomimischen Bewegungen (siehe dazu Kapitel 5).
6. **Bewegung setzt Endorphine im Körper frei,** wenn auch unklar ist, in welchem Maße. Endorphine sind Neurotransmitter (Überträgerstoffe zwischen den Nervenzellen), die als natürliche Schmerzkiller gelten und ein Stimmungshoch schaffen (vgl. Kerber 1997, 27). Endorphine können insofern das Lernen unterstrützen, als sie die allgemeine Stimmung heben. Bemerkenswert ist die Tatsache, dass das limbische System sehr viele Endorphin-Rezeptoren besitzt, und dort vor allem die Mandelkerne, die eine wichtige Rolle für das Lernen und Erinnern spielen (siehe dazu auch S. 27, vgl. Ebner-Metzger 1999, 69). Enorm hohe Endorphin-Konzentrationen wurden festgestellt beim Fließen (*flow*, siehe dazu auch S. 32)! Da Bewegung die Stimmung verbessert, wird sie auch gegen Depressionen empfohlen.
7. **In der Ruhephase nach sportlicher Aktivität zeigt das EEG vermehrt die für das Lernen vorteilhaften Alpha-Wellen** (Schumann 1996, 73 ff.). Weitere Informationen dazu unter „Wie Entspannungsübungen die Lernleistung fördern können" auf den folgenden Seiten.
8. **Bewegung wird auch empfohlen gegen Zorn,** da der Körper nach einer physiologischen Aktivierung auf ein niedrigeres, ruhigeres Erregungsniveau zurückspringt (Goleman 1995, 88).

9. **Bewegung baut Stress ab!** Sie wirkt somit den Beeinträchtigungen der Gehirnleistung durch Stress entgegen. Insbesondere rhythmische Bewegungsabläufe, wie z.B. ein Pendeln der Arme, wirken beruhigend auf die Psyche. Die Bewegungen regulieren den Kreislauf, durch die Aktivierung des Stoffwechsels werden die Stresshormone schneller abgebaut, verspannte Muskulatur wird wieder besser durchblutet.

Wie Entspannungsübungen die Lernleistung fördern können

Zunächst verbessert man durch Entspannung die eigene körperliche und damit auch psychische Verfassung. Neben einer peripheren Gefäßerweiterung, einer Atem- und Kreislaufregulation rufen Entspannungsübungen u.a. eine Tonusreduktion der Skelettmuskulatur hervor. Dadurch wird der Atemrhythmus gleichmäßiger und ruhiger, Puls und Blutdruck werden gesenkt und die Skelettmusku-

latur lockert und entspannt sich. Als psychische Folgen gelten z.B. wiedererlangte geistige Frische, Ruhe, eine gewisse Gelöstheit und Gelassenheit, ein Abschalten können und das Gefühl, erholt zu sein (vgl. Müller 1987, 27 f.).
Entspannung führt zu einer Senkung des gesamten körperlichen und geistigen Erregungsniveaus, sie beseitigt demgemäß Stressfolgen. Entspannungsmethoden werden empfohlen gegen Zorn und Ärger (Goleman 1995, 88), Stresserscheinungen, die leicht Aggressionen nach sich ziehen. Bei regelmäßiger Entspannung lässt sich eine Langzeitwirkung erreichen: Die Nebenniere bildet dann bei Belastungen weniger Stresshormone (Metzger 1997, 133).

Entspannungsübungen bauen Stress ab! Sie wirken somit den Beeinträchtigungen der Gehirnleistung durch Stress entgegen.

Ein zweiter entscheidender Wirkungsbereich von Entspannungsübungen ist die Gehirnaktivität. Die Gehirnwellen gehen mithilfe von Entspannungsübungen (zumindest teilweise) vom Beta-Wellen-Bereich in den Alpha-Wellen-Bereich über. Der Bereich der Alpha-Wellen bietet sehr gute Voraussetzungen zum Lernen.
Das EEG ist unterteilt in Delta-Wellen mit 0,5–4 Hz, Theta-Wellen mit 4–8 Hz, Alpha-Wellen mit 8–13 Hz und Beta-Wellen mit 13–30 Hz. Im Wachzustand befinden wir uns meist im Beta-Bereich, im entspannten Zustand erlangen wir den Alpha-Bereich, der gegenüber dem Beta-Bereich deutlich bessere Lernvoraussetzungen aufweist (wenngleich der schwer erreichbare Theta-Bereich noch optimaler wäre). Ein Beispiel für eine Lernmethode, die dies nutzt, ist die von Georgi Lozanov begründete Suggestopädie, die auch als Superlearning bezeichnet wird (siehe dazu auch Vera Birkenbihl: Stroh im Kopf, 1997, 114 ff.; Birgit Bröhm-Offermann: Suggestopädie, 1994).

Der gesundheitliche Nutzen

Nicht unerwähnt bleiben soll der gesundheitliche Nutzen von Bewegungs- und Entspannungsübungen. Beschwerden über Rückenschmerzen, Muskelverspannungen und Spannungskopfschmerz nehmen in der Bevölkerung in hohem Maße zu, selbst bereits bei Schülern, sogar bei Grundschülern. Diese gesundheitlichen Störungen bewirken Leistungseinbußen und Fehlzeiten. Stress, langes, stereotypes Sitzen und allgemeiner Bewegungsmangel fördern Muskelverspannungen. Nur in speziellen Fällen sind sie ein Ergebnis schwerer körperlicher Arbeit, selten liegt ein körperlicher Schaden vor. Wissenschaftliche Studien zeigen, dass Stressfaktoren, insbesondere psychischer, emotionaler Stress, bei allen Rückenleiden eine entscheidende Rolle spielen. Umfragen ergaben, dass in erster Linie diejenigen Arbeitnehmer Probleme mit dem Rücken hatten, die ihre Arbeit als stressreich und unbefriedigend einstuften. „Die amerikanische Medical Association gibt an, dass mehr als 90 Prozent der Krankheiten mit Stress in Verbindung stehen" (Hannaford 1997, 195). „Krankheit wird als Auswuchs von Stress betrachtet, der eine allgemeine Verringerung der Lebensenergie sowie bestimmte Störungen des Energiegleichgewichtes in den Akupunkturmeridianen im Körper verursacht" (Diamond 1987, 27).

Eine tägliche Bewegungszeit in der Schule hat positive Auswirkungen auf die Gesundheit:

- Sie lockert die durch die Sitzhaltung und durch Stress verspannte Muskulatur, dient somit der Schmerzprävention und wirkt auch anderen Stressfolgen entgegen.
- Sie fördert die Funktion der Atmungs- und Verdauungsorgane, die bei vielen Sitzhaltungen eingeengt werden.
- Sie ist hilfreich gegen den allgemeinen Bewegungsmangel.
- Sie bewirkt einen Fettabbau (u.a. von Cholesterin), der schon nach einer halben Minute körperlicher Betätigung beginnt.
- Sie hat positive Einflüsse auf die Psyche – Bewegungsübungen können auch ein Element in der Drogenprophylaxe sein.
- Sie erweitert das Wissen über gesunde Lebensweise, durch dieses Wissen kann man die eigene Gesundheit fördern!

Eine gesunde Lebensweise sollte als Selbstverständlichkeit betrachtet werden!

Das Klima in der Klasse

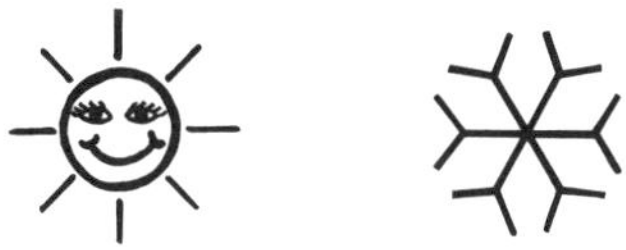

Lernen und arbeiten machen Spaß und fallen leichter, wenn man sich in der Klassengemeinschaft wohl fühlt. Dies gelingt, wenn bestimmte Grundprinzipien beachtet werden: gegenseitige Rücksichtnahme auszuüben, die individuelle Aggressivität im Griff zu haben und einen guten Umgang miteinander zu pflegen, das heißt, keine oder nur geringe Feindseligkeiten zuzulassen und Konkurrenzkämpfe oder Rangordnungskämpfe zu meiden. Ein gutes Klassenklima ist geprägt von einer stressarmen Atmosphäre, von Humor, Freundlichkeit, Harmonie, Zufriedenheit und von einem Wir-Gefühl.

Schlechte Laune wirkt dem entgegen. Bemerkenswert ist, dass Stimmungen im Allgemeinen weniger von aktuellen äußeren Ereignissen abhängen als vielmehr von körperlichen Zuständen. Denn das Gehirn speichert sowohl negative als auch positive Emotionen und beeinflusst so unsere Stimmungslage. Selbst bei geringfügigen Anlässen neigen schlecht gelaunte Menschen zu aggressiven Ausschreitungen (vgl. S. 20). Viele unserer Gewohnheiten sind gezielte Versuche, die gute Laune wieder herzustellen: körperliche Betätigung, etwas genießen (z.B. auch der Genuss von Alkohol, Süßigkeiten, Drogen), Entspannungstechniken, Rückzugsverhalten, Kommunikation, (Selbst-)Belohnung usw. Bei einer Befragung von mehreren tausend Teilnehmern sowie bei wissenschaftlichen Studien erwies sich körperliche Aktivität als wirksamste Einzel-Strategie gegen schlechte Laune (vgl. Ernst 1996, 20 ff.). **Einen deutlichen Stimmungsumschwung kann schon flottes 10–20-minütiges Gehen bewirken.**

Körperliche Aktivität hebt die Stimmung!

Die Laune verbessern bzw. schlechter Laune vorbeugen können jedoch auch mentale Faktoren wie positives Denken, Gedanken an angenehme Erlebnisse, Lob oder Komplimente.
Untersuchungen haben gezeigt, dass die Stimmung immer von dem, der seine Gefühle stärker äußert, auf den Passiveren übertragen wird (Goleman 1995, 150). Wie problematisch das ist, wird deutlich, wenn man berücksichtigt, dass Kommunikationsforscher davon ausgehen, dass emotionale Mitteilungen zu 90 und mehr Prozent nonverbal übermittelt werden (vgl. Goleman 1995, 129). Positiven Einfluss erzielt eine Person, der Lehrer oder die Lehrerin, wenn sie in der Lage ist, gute Laune zu demonstrieren, wobei Körpersprache und Klangfarbe der Stimme eine dominierende Rolle spielen.
Optimismus, Lachen und Glücklichsein unterstützen zugleich die Gesundheit. „Lachen ist gesund“ – diese alte Volkswahrheit konnte wissenschaftlich untermauert werden. Tests ergaben, dass lachende Personen wesentlich mehr Stoffe zur Immunabwehr produzieren als Vergleichspersonen. Daneben ist in ihrem Blut der Gehalt des Stresshormons Cortisol, das die Immunreaktion bremst, deutlich verringert. EEG-Untersuchungen zeigten ein sensationelles Ergebnis: **Selbst gespieltes Lächeln scheint die gleichen positiven Veränderungen im Gehirn hervorzurufen wie spontanes, echtes Lächeln** (Mayer-List 1997, 24)! Die Gelotologen, die Wissenschaftler, die das Lachen erforschen, stellten fest, dass durch die Abgabe bestimmter körpereigener Opiate das Schmerzempfinden gedämpft wird. Aus diesen Gründen wird Lachen auch in der Therapie verwendet, z.B. gehört in vielen Kinderkliniken der Besuch durch einen Clown zum Standardprogramm.
Übertragen auf die Unterrichtspraxis bedeutet dies, dass körperliche Aktivität, gute Laune, Lachen und Lächeln die Stimmung heben und Stress reduzieren, was sich einerseits vorteilhaft auf die kognitiven Leistungen auswirkt, andererseits

auch auf das allgemeine Klima in der Klasse: **Den Schülern gelingt es selbst bei höheren Belastungen, im Bereich des Eustresses, eines leistungsfähigen körperlichen Zustands, zu bleiben, wenn ihnen das Lernen Spaß macht** (vgl. Topping 1994, 19). Von einem anderen Blickwinkel aus betrachtet: Weniger Stress bedeutet mehr Spaß beim Lernen!

Folgende für das Klassenklima wichtige Komponenten können wir in die tägliche Bewegungszeit integrieren:

- die Stimmung heben durch körperliche Aktivität
- Spaß, Lachen und Freude vermitteln mithilfe von Bewegungen
- das Wir-Gefühl betonen durch gemeinsames Tun und verbale Äußerungen
- Loben
- angenehme Gedanken gezielt einsetzen (siehe Fantasiereisen, S. 125)
- die Kommunikation fördern
- positives Denken, positive Lebenseinstellungen initiieren (Hinweise zur Verwendung von positivem Denken in Verbindung mit der täglichen Bewegungszeit folgen auf den nächsten Seiten)
- miteinander lachen, Spaß haben
- Pantomime vorspielen
- aufeinander zugehen

Positives Denken und Ankern

Insbesondere im Sport sind positives Denken und das Ankern nichts Neues. Erfahrene Sportler schätzen die Wirkungen dieser Methoden. Sie bauen auf, geben Selbstvertrauen, beruhigen und motivieren oder wecken einfach bestimmte Assoziationen.

Positives Denken und Ankern sind beides Elemente des Neurolinguistischen Programmierens (NLP), das von John Grinder und Richard Bandler entwickelt wurde. Grinder und Bandler beobachteten vier erfolgreiche Therapeuten (Feldenkrais, Satir, Perls, Erickson) bei ihrer Arbeit und kreierten daraus ein allgemein gültiges Modell, das nach und nach durch zusätzliche Komponenten erweitert wurde. Das Anwendungsfeld des NLP erstreckt sich von der therapeutischen Beratung über den schulisch-pädagogischen Bereich und den Sport bis zum Management.

Positives Denken 

Seine Wirkung wird dadurch erklärt, dass sich Menschen entsprechend ihren Vorstellungen verhalten. Positive Aussagen, auch als Affirmationen bezeichnet (vom Lateinischen „affirmare“ behaupten, bejahen), die bei der täglichen Bewegungszeit Verwendung finden könnten, sind z.B.: „Jetzt sind wir wieder fit!“, „Wir sind ruhig und entspannt“, „Die körperliche Aktivität fördert unser Denken!“, „Ich bin ruhig und gelassen“, „Ich fühle mich gut“, „Es gibt nichts zu tun“, „Es fällt dir leicht, dich völlig zu konzentrieren“, besonders vor Arbeiten: „Ich schaffe es“, „Alles wird gut!“

Es gibt eine ganze Reihe weiterer positiver Aussagen. Sie sollen in der Gegenwart oder in der nahen Zukunft formuliert sein, sie dürfen keine Verneinungen enthalten sowie auch nicht die Verben müssen, sollen und wollen (vgl. Müller 1987, 90). „Ich muss keine Angst haben“ wird positiv ausgedrückt demnach z.B. zu „Ich bin zuversichtlich!“

Das Ankern 

Anker entstehen durch Wiederholungen oder durch starkes emotionales Empfinden und lösen in uns bestimmte Gefühle und Erinnerungen aus, positive oder negative. Anker können ganz unterschiedlich sein – Vorstellungen, Bewegungen (z.B. eine Faust machen), Wörter, kurze Sätze, Gegenstände, Geräusche oder Gerüche usw. Im Alltag begegnen uns viele Anker: der Klang der Kirchenglocken oder des Martinshorns, der Gedanke an einen Zahnarztbesuch, die Lichter der Verkehrsampeln, aber auch ein Verhalten des Lehrers, auf das die Klasse immer gleich reagiert.

Auch positive Aussagen können als Anker verwendet werden. Man kann z.B. eine positive Aussage immer wieder einsetzen, wenn ein Zustand der Entspannung erreicht wurde. Wurde etwa die Aussage „Ich bin ganz ruhig“ als Anker gewählt, so kann man mit diesem Satz das frühere Gefühl der Entspannung wieder in Erinnerung rufen und so eine Entspannung bewirken. Sind solche Anker vorhanden, kann man mit ihnen einen positiven körperlichen Zustand abrufen. Hat man den Schülern und Schülerinnen das Prinzip des Ankerns erklärt, so kann man sie ihren Anker selbst wählen lassen. Ein beliebter Anker ist u.a. die Aussage „Ich mag mich!“. Kenntnisse über das Ankern können den Schülern eine Hilfe im Alltag sein.

Dazu empfehle ich weiterführende Literatur zum Neurolinguistischen Programmieren: Geiger: NLP, 1996; Heinze/Vohmann-Heinze: NLP, 1996; John Grinder: NLP für Lehrer, 1995

Kapitel 2: Bewegung und Entspannung im Klassenzimmer als tägliche Bewegungszeit

Eine tägliche Bewegungszeit – was ist das?

Die tägliche Bewegungszeit beinhaltet den gezielten Einsatz von Bewegungs- und Entspannungsübungen im Klassenzimmer. Der Zusatz „täglich“ weist darauf hin, dass diese Bewegungszeit regelmäßig, am besten täglich, durchgeführt werden sollte, zum Beispiel einmal am Tag in jeder Schulklasse.

„Eine ungewöhnliche Sache“, werden viele sagen oder „Was soll das Ganze?“ Doch: Bewegungs- und Entspannungsübungen in der Mathematik- oder in der Englischstunde – das gehört bei vielen Schülern schon zum Alltag!

In der Geschichte der Pädagogik ist die Behauptung, Bewegung unterstütze den Lernprozess, nichts Neues. Man verbindet damit Personen wie Johann Pestalozzi, Rudolf Steiner, Moshe Feldenkrais, Maria Montessori, Carla Hannaford und viele andere. Entscheidend ist, dass man die längst vermutete bzw. beobachtete, z.T. jedoch weiterhin bezweifelte Verbesserung der Lernleistung durch Bewegung inzwischen mithilfe von Befunden aus der Gehirnforschung begründen kann! Bereits im antiken Griechenland lehrten und lernten die Peripatetiker im Gehen; auch tägliche Bewegungszeiten sind keine neue Erfindung, sie gerieten nur weitgehend in Vergessenheit. Neuere Erkenntnisse über die positiven Auswirkungen von Bewegungs- und Entspannungsübungen auf die Lernleistung unterstreichen, wie sinnvoll diese Idee ist. Außerdem kommt die tägliche Bewegungszeit dem natürlichen Bedürfnis des Menschen nach Bewegung entgegen.

Keinesfalls sollte man die tägliche Bewegungszeit so ernsthaft und humorlos gestalten, wie man es häufig von Kursen mit Erwachsenen oder von der Krankengymnastik-Praxis her kennt. **Die tägliche Bewegungszeit soll eine Erholungsphase sein für Lehrer und Schüler, spaßig, flott, ohne Leistungsdruck und Zeitdruck, ein Miteinander, bei dem man auch Emotionen zeigen darf.**

Im Wesentlichen gibt es zwei Möglichkeiten, eine tägliche Bewegungszeit zu verwirklichen:

1. Möglichkeit: Die tägliche Bewegungszeit als selbstständige Unterrichtseinheit

Stellen Sie sich Folgendes vor: Sie führen gemeinsam mit Ihren Schülern eine Bewegungseinheit während der Unterrichtsstunde durch. In der Regel geben Sie kurze Bewegungsanweisungen, machen die Bewegung vor – und die Schülerinnen und Schüler machen einfach mit, sie imitieren Ihre Bewegungen. Das klappt viel besser, als man sich das vorstellt!

Die folgenden Seiten beinhalten Tipps zur Durchführung der täglichen Bewegungszeit, Kapitel 4 enthält eine Übungssammlung, aus der Sie sich einzelne Übungen auswählen können.

2. Möglichkeit: Die Integration von Bewegungs- und Entspannungselementen in den aktuellen Unterrichtsstoff

Bewegungs- und Entspannungsformen mit dem Lernstoff zu verbinden ist eine weitere, zum Teil sehr ansprechende, Möglichkeit.

Beispiele:

- Sie führen in Fremdsprachen Vokabeln ein mit Unterstützung von Bewegungen, die die neuen Begriffe verdeutlichen (Pantomime).
- Sie lassen Schüler Theater spielen, anstatt einen Text nur zu besprechen: Schülergruppen übernehmen jeweils einzelne Rollen. Spontane Darstellungen wie „grimmig schauen, beherzt zwei Schritte näher kommen, vor Freude die Arme hochreißen..." ermöglichen einen schüleraktiven Unterricht.
- Sie verwenden Bewegungs- und Entspannungselemente beim Unterrichtseinstieg.

Weitere Beispiele für verschiedene Fächer siehe Kapitel 5.

Dies ist eine zusätzliche Möglichkeit, die Bewegung im Unterricht zu intensivieren:

3. Möglichkeit: Lernformen, die mehr Bewegung zulassen

Mit Lernformen wie Teamarbeit, Freiarbeit, Lernen mit allen Sinnen, handlungsorientiertem Lernen oder Lernen mit Arbeitsplan usw. können Sie zudem ganz bewusst mehr Bewegung in den Schulalltag bringen (siehe dazu auch Kapitel 1 und Kapitel 5).

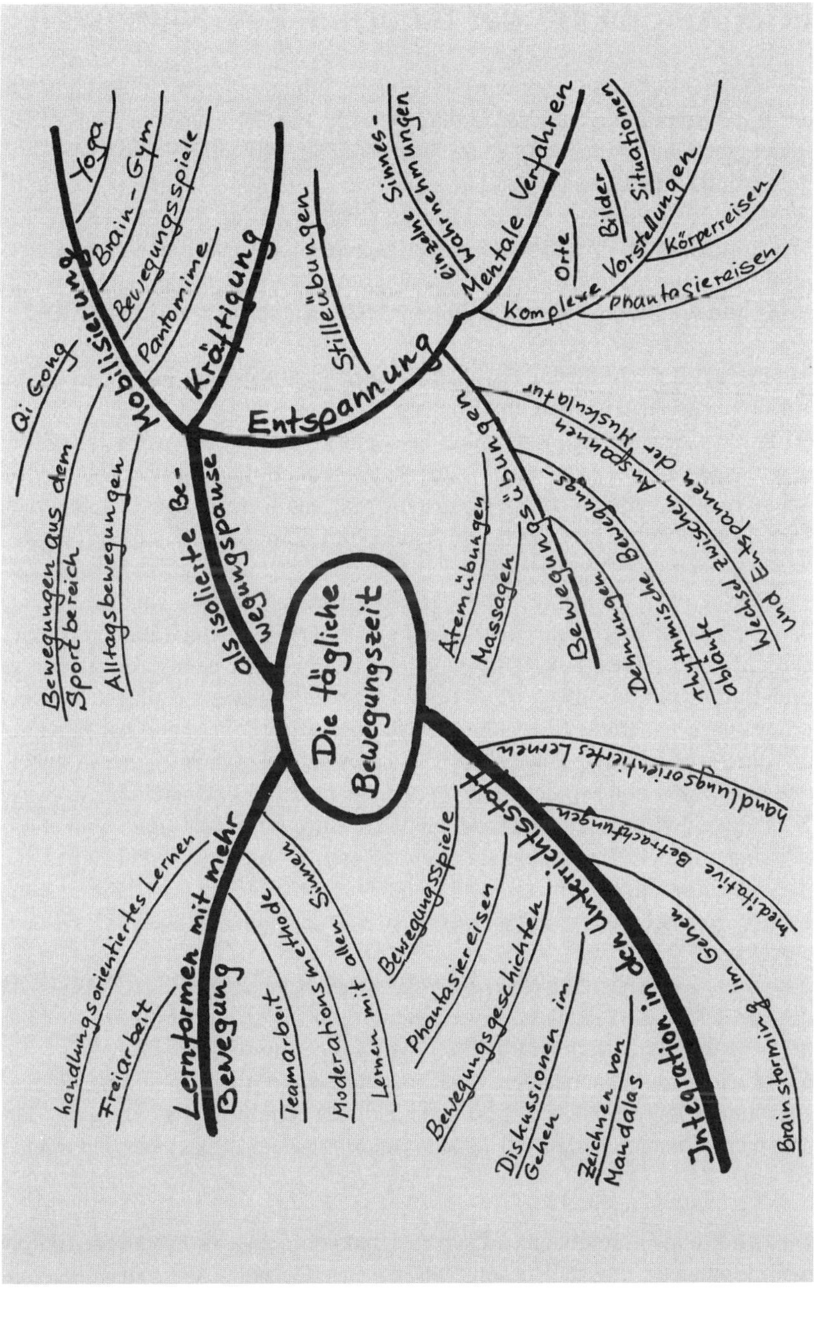
Die tägliche Bewegungszeit
als isolierte Bewegungspause
Mobilisierung
Yoga
Brain-Gym
Bewegungsspiele
Pantomime
Qi Gong
Bewegungen aus dem Sportbereich
Alltagsbewegungen
Kräftigung
Entspannung
Stilleübungen
Sinnes-Wahrnehmungen
einzelne Wahrnehmungen
Mentale Verfahren
Orte
Bilder
Situationen
Komplexe Vorstellungen
Körperreisen
Phantasiereisen
Bewegungsübungen
Atemübungen
Massagen
Bewegungs-
Dehnungen
rhythmische Bewegungsabläufe
Wechsel zwischen Anspannen der Muskulatur und Entspannen
Integration in den Unterrichtsstoff
handlungsorientiertes Lernen
meditative Betrachtungen
Bewegungsspiele
Phantasiereisen
Bewegungsgeschichten
Diskussionen im Gehen
Zeichnen von Mandalas
Brainstorming im Gehen
Lernformen mit mehr Bewegung
handlungsorientiertes Lernen
Freiarbeit
Teamarbeit
Moderationsmethode
Lernen mit allen Sinnen

Erfahrungen mit der täglichen Bewegungszeit

Die tägliche Bewegungszeit wird seit einiger Zeit an etlichen Grundschulen in der Bundesrepublik Deutschland durchgeführt. Bei der Umsetzung an weiterführenden Schulen ergaben sich bisher erhebliche Schwierigkeiten. Im Wesentlichen sind es diese zwei Probleme:

Wie können die Lehrkräfte überzeugt werden, damit sie die tägliche Bewegungszeit durchführen?
Wie kann die Bewegungszeit in höheren Klassenstufen gestaltet werden?

Mit diesem Buch hoffe ich, stichhaltige Antworten auf diese Fragen zu geben. Am Gymnasium in Bretten, an dem ich unterrichte, führen seit 4 Schuljahren ca. 60 Prozent des Kollegiums in den Klassen 5–7 die tägliche Bewegungszeit durch, viele Kollegen auch in höheren Klassen. Eine Umfrage bei ca. 150 Schülern der Klassen 5–13 am Brettener Gymnasium ergab, dass mehr als zwei Drittel der Schüler die tägliche Bewegungszeit gern durchführen; speziell bei den Entspannungsübungen liegt der Beliebtheitsgrad noch höher. Wenige Prozent der Schüler machen die Übungen nicht gern, beteiligen sich aber dennoch daran. Es ist nicht bekannt, dass Schüler jemals das Programm sabotiert hätten.
Eine Minderheit der Lehrkräfte lehnt die tägliche Bewegungszeit allerdings grundsätzlich ab. Mir ist aufgefallen, dass überwiegend ältere Kollegen nicht bereit waren, die tägliche Bewegungszeit zu übernehmen. Vermehrt hatten Kollegen die Befürchtung, in höheren Klassenstufen auf massive Probleme zu stoßen, und beteiligten sich folglich nicht an dem Programm. So konnten leider ganze Klassen keine Erfahrungen mit der täglichen Bewegungszeit sammeln. Die Erfahrungen in den Klassen, auch in den höheren Klassenstufen, haben gezeigt, dass die befürchteten Schwierigkeiten nicht eingetreten sind. Aus diesem Grund kann ich jedem Lehrer nur Mut machen, sich an die tägliche Bewegungszeit heranzuwagen.
Im Schulalltag, speziell auch *vor Klassenarbeiten* machen einige Kollegen an unserer Schule die Übungen gemeinsam mit ihrer Klasse oder die Klasse führt diese allein durch, während der Kollege Vorbereitungen für die Arbeit trifft. Nicht selten ist zu beobachten, dass einzelne Schüler ihre Arbeit kurz für Entspannungsübungen unterbrechen. Viele Schüler berichten, dass ihnen die Entspannungsübungen helfen, bei Leistungsüberprüfungen gelassener und ruhiger zu sein.

Die Lehrkräfte unserer Schule führen die Übungen nicht primär deswegen durch, weil sie einen Beitrag zur Rückenschule bzw. zur Gesundheit leisten wollen (obwohl sie dies gleichzeitig tun), sondern weil sie die direkt danach folgenden positiven Auswirkungen auf die Klasse schätzen gelernt haben, wie z.B. eine bessere Konzentrationsfähigkeit oder die Beruhigung einer nervösen Klasse.

Mithilfe der Bewegungs- und Entspannungsübungen erfahren die Schüler, wie man *Stress und Angstzustände aktiv abbaut* und somit seine Lernfähigkeit verbessert. Als hilfreich bei akutem Stress (z.B. bei Arbeiten) haben sich insbesondere Entspannungsübungen erwiesen, bei denen sich das Gehirn Ruhe gönnen darf, der Schüler dabei folglich still sitzen kann. Diese Übungen werden nach unserer Erfahrung allgemein auch denen vorgezogen, bei denen die Lehrkraft spricht. Aus diesen Gründen haben wir den Schwerpunkt auf das Erlernen und Üben dieser Techniken verlagert. Beispiele dafür sind die Stilleübungen im Übungskatalog (Kapitel 4).
Nach Thompson kann der Zusammenhang zwischen dem Stress- oder Aktivierungsniveau und der Leistungsfähigkeit durch ein umgekehrtes U dargestellt werden (Thompson 1994, 233 f.):

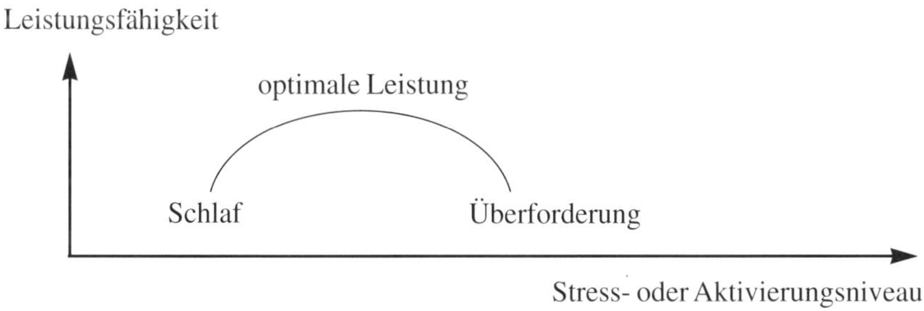

Die Leistungsfähigkeit in Abhängigkeit vom Stress- und Aktivierungsniveau

Bei mittlerem Stress- oder Aktivierungsniveau haben unsere Schüler demnach den optimalen Lernerfolg. Das Stress- oder Aktivierungsniveau kann die Lehrkraft mithilfe der täglichen Bewegungszeit entscheidend beeinflussen. Sie wird Bewegungen wählen zur Aktivierung einer Klasse, Bewegungs- und Entspannungsübungen, um das Niveau zu senken. Analog dazu beschreibt Goleman die Beziehung zwischen der Angst und der Leistungsfähigkeit durch eine umgekehrte U-Funktion (Goleman 1995, 113 f.). Dass eine starke Entspannung eine starke Beruhigung, d.h. aber auch Inaktivierung herbeiführen kann, zeigen unsere Erfahrungen: Nach längeren Entspannungsphasen, z.B. nach Fantasiereisen, gähnen die Schüler häufig und machen einen relativ passiven Eindruck. Die Leistungsfähigkeit der Schüler liegt dann im Bereich zwischen dem Schlafzustand und der optimalen Leistung. Eine abschließende „Rückführung“, die einer leichten Aktivierung entspricht, hebt die Schüler wieder auf ein angemessenes Aktivierungsniveau (siehe dazu auch Kapitel 4 und 5). Durch diesen *Wechsel zwischen Aktivierung und Entspannung* lernen die Schüler einerseits ihren körperlichen Zustand wahrzunehmen, andererseits lernen sie auch Mittel und Wege kennen für ein „Balancing“, eine angemessene Mischung von Aktivität und Entspannung.

Aus Erfahrung wissen wir, dass *Pausen* einer allgemeinen Ermüdung entgegenwirken und somit das Leistungsvermögen steigern. Aber wie lange sollten diese dauern und in welchen Zeitabständen sollten sie erfolgen?

Bei Zehn- bis Zwölfjährigen liegt die maximale Konzentrationsdauer bei 20–25 Minuten, sie stabilisiert sich mit zunehmendem Alter der Schüler bei ca. 30 Minuten.

Eine vergleichende Untersuchung, dargestellt in der folgenden Abbildung, zeigt, dass bei 40-minütigem Rechnen die Leistung deutlich abfällt, wenn dazwischen keine Pausen erfolgen. Von Schülern der Klassenstufe 6 am Brettener Gymnasium wurden im Wechsel dreistellige Zahlen mit einstelligen multipliziert und zweistellige Zahlen durch einstellige dividiert. Es wurden die Rechnungen gezählt, die bei den vier Durchgängen von je 10 Minuten richtig gelöst wurden.

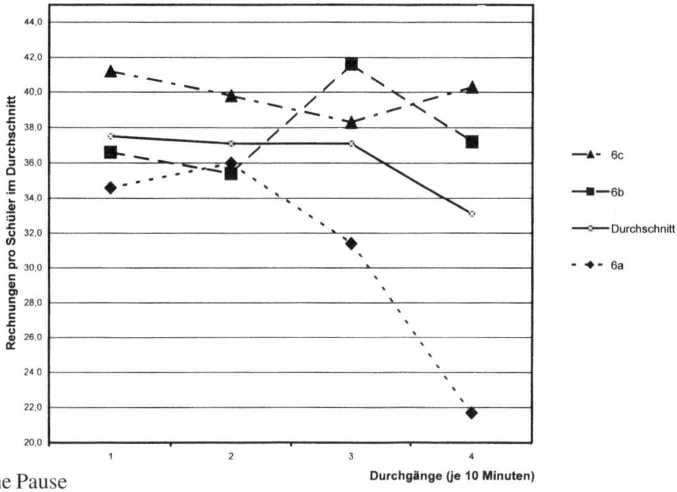

6 a (n = 32): ohne Pause
6 b (n = 18): 5 Minuten Pause nach dem 2. Durchgang
6 c (n = 29): Pausen von 1, 2 und 2 Minuten nach je 10 Minuten
Während der Pausen wurden die Fenster geöffnet und die Schüler gingen im Zimmer umher. Die Klasse ohne Pause hatte einen starken Leistungsabfall nach 20 Minuten, der sich durch die geringere Anzahl der gelösten Rechnungen sowie durch eine höhere Fehlerrate äußerte. Eine Pause von 5 Minuten nach 20 Minuten Rechenzeit ist zu empfehlen, da nach dieser Pause der größte Leistungszuwachs erzielt werden konnte.

Für die Unterrichtspraxis sind daher zusätzliche Pausen während einer Unterrichtsstunde zu empfehlen, wobei man davon ausgehen kann, dass dann die Schüler trotz geringerer Arbeitszeit mehr leisten können. Folglich sollten wir unseren Schülern klarmachen, dass Pausen sinnvoll sind; wir müssen sie lehren, wie man Pausen effektiv gestaltet und vor allem sollten wir sie mit gezielt eingesetzten Pausen vertraut machen. Zusätzlich kann der „Pausenerwartungseffekt“ genutzt werden: Man ist leistungsmotivierter, wenn man weiß, dass man in Kürze eine Pause machen darf.

Neben den Auswirkungen auf Körper und Psyche des Einzelnen ist die tägliche Bewegungszeit als *Baustein für das Erreichen eines positiven sozio-emotionalen Klimas* innerhalb der Klasse zu sehen. Unser Anliegen ist ein gutes Klima zum Leben und Arbeiten in der ganzen Schule. Wir haben die Erfahrung gemacht, dass wir mit der täglichen Bewegungszeit einen wertvollen Beitrag dazu leisten; außerdem haben wir im Rahmen eines Gesamtkonzeptes zur Bewegungs- und Gesundheitsförderung zusätzliche Neuerungen eingeführt (siehe dazu auch Kapitel 6). Somit kann eine tägliche Bewegungszeit mehr leisten als eine isoliert gesehene zusätzliche Bewegungseinheit. Gefragt nach den Wirkungen der Übungseinheiten, heben die Kollegen vor allem die entspannte Unterrichtsatmosphäre hervor, die sie daran anschließend beobachten.

Nicht nur aus pädagogischer Sicht, sondern auch aus Befunden der Angst- und Stressforschung gilt gerade diese entspannte Unterrichtsatmosphäre als Voraussetzung für gute Lernleistungen.

Fazit:

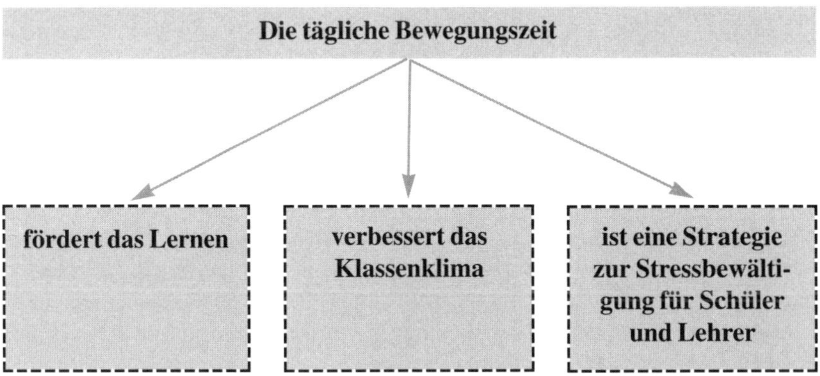

Im Überblick: Was kann die tägliche Bewegungszeit bewirken?

- Bewegungs- und Entspannungsübungen fördern die Lernleistung (siehe Kapitel 1).
- Bewegungsübungen (und Kraftübungen) wirken aktivierend auf das Gehirn, stabilisieren die Muskulatur, wirken dem Bewegungsmangel entgegen und bauen überschüssige Bewegungspotenziale ab.
- Die tägliche Bewegungszeit stellt eine wichtige Lebenshilfe dar, denn die Schüler lernen und praktizieren Strategien zum Stressabbbau. Stressbedingte Komponenten von Schulproblemen wie Denkblockaden, Konzentrationsschwächen oder Aggressionen werden dadurch bekämpft.
- Erfahrungen zeigen, dass die tägliche Bewegungszeit mehrere positive Auswirkungen auf die Klasse haben kann:
  - die Zahl der notwendigen Disziplinarmaßnahmen verringert sich,
  - unruhige Klassen werden ausgeglichener, passive können aktiviert werden, die Lernbereitschaft wird verbessert,
  - es lässt sich damit leicht eine Verbesserung des Klassenklimas erzielen, das die Basis für eine entspannte Unterrichtsatmosphäre darstellt; eine entspannte Unterrichtsatmosphäre gilt als Voraussetzung für ein optimales Lernklima und somit für gute Lernleistungen.
- Die tägliche Bewegungszeit kann die Gesundheit der Schüler fördern, indem diese Wissen und Maßnahmen zur Gesunderhaltung kennen lernen.
- Die Schüler erwerben grundlegende Kenntnisse zur emotionalen Intelligenz.

Entscheidend dafür, ob ein Mensch im Bereich des (positiven) Eustresses bleibt, ist primär nicht das Maß der Belastung, sondern die Frage, ob ihm seine Arbeit Spaß macht (Topping 1994, 19). Spaß in den Unterricht zu bringen (und damit auch einen Beitrag zur Verbesserung des Klassenklimas zu leisten) ist eine sehr wichtige Komponente, die man den Schülern durch die tägliche Bewegungszeit vermitteln kann.Trotz der Möglichkeiten, die die tägliche Bewegungszeit bietet, darf sie nicht als Wunderwaffe gegen Schulprobleme betrachtet werden. Auch kann sie keinesfalls wegen ihrer nur kurzzeitigen und relativ geringen Kreislaufbelastung ein Ersatz für Sportunterricht sein.

Ich möchte Ihnen Mut machen, sich an die tägliche Bewegungszeit heranzuwagen! Um Ihnen die Entscheidung anzufangen zu erleichtern: Die folgenden Seiten enthalten Hinweise, Tipps und Tricks sowie genaue Übungsbeschreibungen.

TEIL 2: DIE PRAXIS

Kapitel 3: Die tägliche Bewegungszeit – Tipps zur Durchführung

Tipp 1: Der Ablauf

Wie könnte die Bewegungszeit in Ihrer Klasse ablaufen? Dies sind die äußeren Bedingungen:

- Sie lassen von den Schülern die Fenster öffnen, da durch die (meist) erhöhte Atemfrequenz bei den Übungen ein erhöhter Sauerstoffbedarf besteht.
- Sie machen die Übungen normalerweise gemeinsam mit den Schülern. Dabei gibt es drei Möglichkeiten:
  - Sie geben kurze (notwendige) Bewegungshinweise und beginnen sofort mit der Bewegung oder
  - Sie beginnen ohne vorherige Erklärungen und fügen diese während des Übens hinzu oder
  - Sie machen die Übung nur vor, denn bei vielen Übungen reicht allein das Vormachen.
- Akzente können gesetzt werden durch Rhythmusänderungen, durch Rhythmushilfen (s.u.) und durch Zuordnen der Bewegungen zu Bewegungsabläufen, die die Schüler bereits kennen.
- Sie üben insgesamt eine bis sieben (unter Umständen auch zehn) Minuten.
- Wenn sich die Klasse mit Bewegungspausen auskennt, ist es möglich, dass einzelne Schüler oder Schülerinnen die Bewegungseinheit leiten. Insbesondere die Verwendung von Fitbändern und Massage-Igeln (siehe „Hilfsmittel" in Kapitel 4) ist bei den Schülerinnen und Schülern außerordentlich beliebt.
- Sie können Sätze zum positiven Denken einfügen sowie gezielt spaßbetonte Übungen zur Verbesserung des Klassenklimas (siehe dazu auch Tipp 4 sowie in Kapitel 1 „Das Klima in der Klasse", S. 39 ff.).
- Der richtige Zeitpunkt zum Üben:
  - Sie wählen den Beginn der Unterrichtsstunde, besonders dann, wenn Ihre Klasse unruhig ist oder wenn Sie den Eindruck haben, es wäre gut, die Klasse zu aktivieren.

- Oder Sie wählen etwa die Mitte der Unterrichtsstunde. Dies ist zu empfehlen, da man dadurch dem Leistungsabfall während der Unterrichtsstunde entgegenwirken kann (siehe dazu auch Kapitel 2, S. 47 f.).
- Oder Sie wählen das Ende der Unterrichtsstunde als Erholungsphase nach anstrengendem Arbeiten oder als Ruhephase für das Gehirn zum Verarbeiten des Gelernten.

Tipp 2: Die Auswahl der Übungen

Bevor Sie sich mit einzelnen Übungen vertraut machen, hier einige allgemeine Hinweise. Dieser Einführung folgt ein Übungskatalog (ab S. 66) mit drei Rubriken:

1. Übungen zur Mobilisierung,
2. Übungen zur Kräftigung,
3. Übungen zum Entspannen.

Für eine umfassende Bewegungseinheit wählen Sie zunächst Übungen aus der 1. Rubrik, danach Übungen zur Kräftigung. Zum Abschluss eignen sich erfahrungsgemäß Übungen zum Entspannen, da sie die Klasse „ins Gleichgewicht", in einen lernbereiten Zustand versetzen.
Es müssen nicht zwingend aus allen drei Rubriken Übungen ausgewählt werden, vor allem dann nicht, wenn nur eine kurze Bewegungspause eingeschoben werden soll. Beispielsweise wäre denkbar, als alleiniges Element eine Fantasiereise zu wählen – in diesem Fall würde es sich nicht um eine Bewegungspause handeln, sondern um eine reine Entspannungspause.

Die Basis des Übungskataloges sind einfache Übungen, die einerseits alle Lehrkräfte durchführen können und die andererseits leicht variierbar sind, sodass es eine Vielfalt von Übungsvarianten gibt. Die Übungen sind auch problemlos veränderbar – je nach Klassenstufe, Lehrkraft, Fach und Aktivitätszustand der Klasse.

Ergänzend können natürlich auch eigene Ideen mit eingebracht werden, Bewegungen, die man in seiner Freizeit kennen gelernt hat – in einer Sportgruppe oder bei einem Kurs der Volkshochschule. Der motorische Homunculus verdeutlicht, dass Hände, Füße und das Gesicht von größeren Gehirnregionen gesteuert werden, infolgedessen kann man davon ausgehen, dass Bewegungen dieser Körperteile eine ausgeprägte Aktivierung des Gehirns zur Folge haben. Dies wurde bei der Erstellung des Übungskataloges beachtet – bei vielen Übungen wurden z.B. Hand- und Fußbewegungen hinzugefügt.

Tipp 3: Kriterien für die Ausführung

- **Bewegungen im Stehen**  **sind denen im Sitzen**  **vorzuziehen**,
  da die Schülerinnen und Schüler im Schulalltag schon zu viel sitzen und viele Bewegungen im Stehen einfacher und intensiver durchgeführt werden können. Lässt man die Schülerinnen und Schüler auf ihren Stühlen sitzen, so entfällt lediglich das Aufstehen und Hinsetzen, bei dem es etwas laut werden könnte.
- **Bewegungen auf der Stelle sind einfacher zu organisieren als Bewegungen mit Platzwechsel.**
  Bewegungen auf der Stelle: Man schiebt seinen Stuhl unter den Tisch oder stellt sich seitlich neben den Stuhl und schon kann das Üben beginnen. Man spart sich zeitraubendes Umräumen der Stühle und Tische, die bei Bewegungen im Raum manchmal notwendig sind. Selbst in Fachräumen mit arretierten Tischen und Stühlen sind Bewegungen am Platz möglich, wenngleich einige ausladende Bewegungsformen wegfallen müssen.
  Bewegungen im Raum, speziell die Formen mit Partnerkontakten: Sie fördern die Kommunikation.
- **Es ist bedeutsam, die Beidseitigkeit zu fördern**, denn:
  Jeder hat sein Lieblingsbein und seine Lieblingshand, die er bevorzugt benutzt und die dadurch deutlich geschickter ist als die vernachlässigte Seite. Synchron oder gegengleich (gegeneinander) ausgeführte Bewegungen der Arme und Beine fördern die Beidseitigkeit und sind auf Grund ihres rhythmischen und harmonischen Ablaufs sehr beliebt. Darüber hinaus kann man natürlich auch ganz gezielt nur die weniger gut entwickelte Seite trainieren.
- **Überwinden Sie sich selbst und verwenden Sie auch anstrengendere Übungen, bei denen Sie außer Atem kommen!**
  Eine Aktivierung des Kreislaufs hat auch eine verstärkte Gehirndurchblutung, also auch eine bessere Gehirnleistung zur Folge (siehe Kapitel 1).
  Beispiele für erheblich kreislauffördernde Elemente:
  - schnelle Beinbewegungen, z.B. Joggen am Platz
  - schnelle Armbewegungen, z.B. Hoch-tief-Bewegungen, Kreise
  - weiträumige Arm- und Beinbewegungen (die auch übertrieben ausgeführt werden können), z.B. Wischbewegungen der Arme
  - zusätzliches Anheben der Knie beim Joggen

- **Verwenden Sie bevorzugt fließende, nicht zu komplizierte Bewegungen**, da bei angestrengter Konzentration Lockerheit und Spaß leicht verdrängt werden können. Daneben sind aber auch isometrische Muskelkontraktionen sinnvoll, da sie die Muskelkraft stärken und das Empfinden für den Spannungszustand der Muskulatur trainieren (siehe Kapitel 4, Kraftübungen ab S. 99, Progressive Muskelrelaxation nach Jacobsen, S. 113 f.).
- **Bauen Sie bewusst Übungen zur Schulung der Koordination ein**, denn sie trainieren das Gehirn, mehrere Dinge gleichzeitig zu tun; als Folge davon kann man sich im Alltag geschickter, gewandter und sicherer bewegen. Außerdem verschlechtert sich die Fähigkeit, Koordination zu erlernen, während der Jugendzeit erheblich.
- **Lassen Sie die Schüler Bewegungen mit geschlossenen Augen ausführen.** Solche Übungen erleichtern die Ausbildung des Körpergefühls, da die optische Orientierung ausgeschaltet wird.
- **Finden Sie Ihren Stil!**
  Lösen Sie sich von der Vorstellung, Sie müssten die Klasse unbedingt so motivieren wie der „Einheizer" im Aerobic-Studio. Testen Sie auch verschieden intensive Bewegungsanweisungen – bis hin zur Kommunikation, die allein über Augenkontakt und Gestik abläuft.

Tipp 4: So bereichern Sie Ihre Bewegungspause

Wichtig sind:

Untersuchungen haben ergeben, dass selbst Erwachsene nicht primär aus gesundheitlichen Gründen Bewegungsangebote nutzen, sondern weil sie Spaß haben wollen. Verwenden Sie also gezielt spaßbetonte Übungen, Sie erreichen damit eine freudige, lockere Übungsatmosphäre. Die Bewegungseinheit wird eine willkommene Auflockerung Ihres Unterrichtes darstellen.

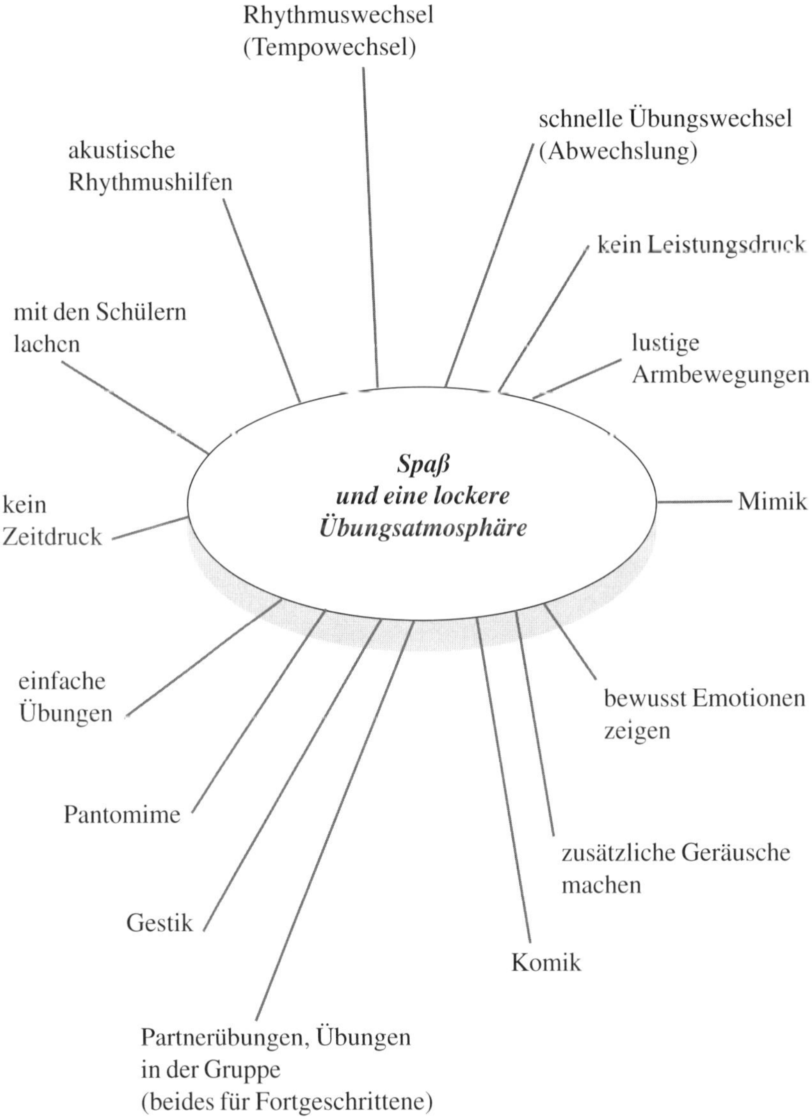

Da immer wieder die Frage auftaucht, inwiefern man Rhythmuswechsel und akustische Rhythmushilfen verwirklichen kann, folgen hier einige Hinweise dazu.

Rhythmuswechsel

Sie beleben eine Bewegungspause, denn sie ermöglichen einen Wechsel zwischen schnellen, kreislaufbelastenden Übungen und langsamen, ruhigen Bewegungsfolgen, zwischen kleinen, schnellen Bewegungen und langsamen, weiträumigen.

Anwendungsbeispiele zur Variation „Mit den Händen kreisen" (S. 75):

1. Wir lassen die Hände im Wechsel (jeweils einige Sekunden lang) langsam und schnell kreisen, z.B. „ ... so schnell wir können".
2. Wir ändern die Bewegungsgeschwindigkeit in einem festgelegten Rhythmus. Beispiel: Wir lassen die Hände kreisen
   langsam, langsam – schnell, schnell, schnell, schnell –
   langsam, langsam – schnell, schnell, schnell, schnell – ...
3. Wir setzen Akzente durch eine Anreihung verschiedener Rhythmen. Beispiel: langsam, langsam – schnell, schnell, schnell, schnell – langsam – schnell, schnell – ...

Akustische Rhythmushilfen

Am sinnvollsten und einfachsten für den Übenden sind diese, wenn sie die Art der Bewegung selbst genauer charakterisieren.

Anwendungsbeispiele zur Übung „Die Arme hochstrecken", Variation „Wir wechseln: Arme hochstrecken – Arme senken" (S. 75):

1. Rhythmushilfen bei langsamer Ausführung (langsames Sprechtempo):
   auf und ab ... auf und ab ... auf und ab ...
2. Rhythmushilfen bei schneller Ausführung (schnelles Sprechtempo mit kurzen Pausen):
   auf – ab ... auf – ab ... auf – ab ...
   Auch ein Lehrer kommt außer Atem. Aus diesem Grund und zur Abwechslung bieten sich kurze Hilfen an:
   - kurze Signalwörter wie hop, tap ...
   - mit den Fingern schnipsen
   - klatschen (in die Hände oder auf andere Körperteile)
   - mit der Zunge schnalzen

Die Klasse beteiligt sich gern aktiv bei den akustischen Rhythmushilfen. Wird es zu laut, so wenden Sie einen Trick an aus dem Abschnitt „Tipps bei Problemen mit Bewegungs- und Entspannungseinheiten" (S. 59 ff.).

Das Zählen ist *schlecht* geeignet als Rhythmushilfe, weil hier das Gehirn auf dem Weg zum Bewegungsprogramm den Umweg über die Zahl als Symbol nehmen muss. Dies bedeutet zusätzlichen Zeitverlust, eventuell wird die Bewegung dadurch auch verkrampft ausgeführt.

Tipp 5: Anweisungen und Korrekturen

- Das Tun selbst sollte im Vordergrund stehen, auch wenn die Ausführung nicht immer ganz den Vorstellungen der Lehrkraft entspricht.
- Gegängelt zu werden verdirbt den Spaß.
- Nicht sagen: „ihr müsst", sondern Formulierungen verwenden wie: „wer kann", „wir versuchen, ..."
- Insbesondere bei Fehlhaltungen können Korrekturen, mit dem nötigen Fingerspitzengefühl vorgebracht, sinnvoll sein.

Beispiele:

1. Nach vorn hängende Schultern (Rundrückenhaltung).
   Korrektur: Die Schultern hochziehen – den Rücken aufrichten – die Schultern nach hinten weiterrollen und fallen lassen.
2. Bei Armbewegungen, die nicht darauf abzielen, die Arme möglichst weit hochzuziehen, werden die Schultern hochgezogen. Dies ist eine typische Fehlhaltung, besonders im Alltag, die Muskelverspannungen hervorrufen kann.
   Korrektur: Wir beginnen die Bewegung in der Ruhelage der Schultern (siehe 1.) und behalten während der Bewegung diese Position für die Schultern bei.
3. Eine verstärkte Vorwölbung der Lendenwirbelsäule (Hohlkreuzhaltung).
   Korrektur: In Gürtelhöhe eine Hand auf den Bauch legen, die andere gegenüber auf den Rücken. Jetzt den Bauch leicht einziehen und diesen Rumpfbereich etwas nach hinten schieben. Ist man darin geübt, kann man auch ohne Mithilfe der Hände korrigieren.
   Hohlkreuzhaltungen kann man auf einfache Weise im Vorfeld vermeiden: Man beugt leicht die Knie, dies erschwert eine Hohlkreuzhaltung und diese tritt dadurch in der Regel nicht auf.

Tipp 6: Die Verwendung von Musik

Es ist bekannt, dass Musik sowohl beschwingt als auch die Fähigkeit zum Entspannen verbessern kann. Dennoch ist Musikbegleitung mit Vorsicht zu verwenden. Schwierigkeiten beim Beschaffen von Abspielgeräten sind vorprogrammiert. Vor allem aber wird Musik sogar als störend empfunden, wenn das Bedürfnis und die Bereitschaft, Musik oder die Art der dargebotenen Musik aufzunehmen, nicht gegeben sind. Zu bedenken ist auch, dass bestimmte Arten von Musik stressaufbauend wirken.
Eine deutlich verbesserte Gehirnleistung beobachteten Wissenschaftler nach dem Hören von Mozart-Sonaten, analoge Ergebnisse erzielte der bulgarische Arzt und Psychotherapeut Lozanov, der diese Musik für die Suggestopädie verwertete. Parsons entdeckte, dass selbst harmonie- und melodielose Geräusche eine ähnliche Wirkung hatten. Am wirksamsten, mit einer Leistungssteigerung von 16 Prozent, waren gar zehnminütige rhythmische visuelle Reize (Ochmann 1998, 50).
Eine Studie an der Universität Halle-Wittenberg ergab, dass sich angespannte Menschen in der Regel zunächst durch Musik mit schnellem Tempo entspannen, während auf Menschen, die schon recht gelassen gestimmt sind, langsame Musik entspannend wirkt (Gerbert 1998, 132).

Hier einige Musiktitel als Vorschläge:
Gheorghe Zamfir: Die goldene Panflöte
van Beethoven: Klaviersonate Nr. 14, op. 27, „Mondscheinsonate“
Massenet: Meditation aus Thais
Brian Eno: Ambient 1 – Music for Airports
Kitaro: Silk Road
Zimmermann: Music for Relaxation I, Sky-Dreams-Mandala

Geräusche zur Entspannung, selbst hergestellt:
An unserer Schule haben wir eine Begleitung zu den Entspannungsübungen selbst hergestellt: Wir verwenden einen Kassettenrekorder mit Mikrofon, plätscherndes Wasser (aus dem Wasserhahn), Vogelgezwitscher; man bläst oder pfeift, spielt einfache Tonfolgen auf der Gitarre oder einem anderen Instrument.

Tipps bei Problemen mit Bewegungs- und Entspannungseinheiten

Vielleicht haben Sie zunächst Bedenken, sind verunsichert, befürchten unnötige Probleme, die sich durch die Bewegungszeit ergeben, und Sie stellen sich womöglich folgende Fragen:

- Macht den Schülerinnen und Schülern eine Bewegungseinheit überhaupt Spaß?
- Müsste man sie etwa dazu zwingen oder gefällt es ihnen außerordentlich gut, gemeinsam mit dem Lehrer zu toben, zu lachen, Spaß zu haben, zu meditieren?
- Wirkt es nicht lächerlich, wenn man mit den Schülerinnen und Schülern zusammen gymnastische Übungen im Klassenzimmer durchführt? Wird der Lehrer zur komischen Figur, lachen sie ihn etwa aus?
- Stört der Geräuschpegel die Klassen nebenan, wenn wir stampfen, joggen, in die Hände klatschen ...! Wie verhalte ich mich, wenn der Kollege oder die Kollegin von nebenan sich über die Lautstärke beschwert? Vermuten die Kollegen nebenan gar, ich hätte meine Klasse unbeaufsichtigt gelassen?
- Raubt mir die Bewegungszeit nicht kostbare Unterrichtszeit? Wäre es nicht sinnvoller, stattdessen die Zeit zu nutzen, um Wissen zu vermitteln?
- Beteiligen sich alle oder weigern sich manche mitzumachen? Wie reagiere ich darauf?
- Gerät mir die Klasse außer Kontrolle, wenn ich lustige Übungen machen lasse? Was mache ich, wenn ich sage, sie sollen aufhören, und sie machen einfach weiter?
- Wenn ich an meine eigene Gesundheit denke, meine verspannte Schultermuskulatur oder meine Rückenschmerzen oder meine Schmerzen im Knie: erlaubt sie mir, mich an den Bewegungen zu beteiligen?
- Ist ein anschließendes konzentriertes Arbeiten letztendlich möglich, wenn vorher so viel Unruhe in der Klasse war?

Wagen Sie es! Sie werden es schätzen lernen!

Vielleicht finden Sie auf all Ihre Fragen auf den folgenden Seiten die entsprechenden Antworten, die Sie veranlassen werden, einfach anzufangen. Die Praxis hat gezeigt, dass selten mit Problemen zu rechnen ist. Falls dennoch Schwierigkeiten auftreten, hier einige Tipps aus der Trickkiste.

1. Was tun, wenn einzelne Schüler stören?

Als typische Störungen kann man sich vorstellen, dass einzelne Schülerinnen und Schüler die Bewegungseinheit nutzen, um absichtlich Lärm zu machen, um sich über andere lustig zu machen, oder dass sie die Übungen variieren, um auf sich aufmerksam zu machen. Hierzu einige Tipps, die helfen können:

- **Ein schneller Wechsel der Bewegungen**
  Man wechselt von der einen Übung zur nächsten, zur übernächsten, usw. Zum Beispiel: Wischbewegungen mit den Händen, winken, wieder Wischbewegungen ... Jede Übung dauert nur kurz, sodass die *Aufmerksamkeit* auf die Übungs*abfolge gelenkt* wird.
- **Lustige Bewegungen**
  Wenn die Bewegungen Spaß machen, könnte durch den Spaß an der Bewegung das Stören in Vergessenheit geraten. Beispiel „sich schütteln“: Dabei bewegt man die Schultern schnell abwechselnd nach vorn und nach hinten (siehe Übung 9 aus dem Sportbereich). Diese Übung hat noch den Vorzug, dass die damit verbundenen kurzen Ein- und Ausatmungsphasen ein normales Reden fast unmöglich machen.
- **Komplizierte Bewegungen, die eine gute Koordination erfordern**
  Eine solche Übung könnten Sie immer parat haben, nur müssen Sie diese auch selbst beherrschen! Typische Beispiele dafür sind Übungen, bei denen eine Hand eine Vor-rück-Bewegung ausführt und die andere eine Kreisbewegung (Abbildung A). Noch schwieriger wird eine derartige Übung, wenn die Bewegung weiträumiger ausgeführt wird (Abbildung B).

- **Kreislaufbelastende Bewegungsfolgen („toben lassen“)**
  Wer außer Atem kommt, ist in der Regel froh, wenn er nicht reden muss! Zum Toben eignen sich primär alle Varianten des Joggens (siehe Übung 4 aus dem Sportbereich).
- **Erläuternde Ausführungshinweise zu den Bewegungen**
  Dadurch wird die Konzentration auf die Übung gelenkt. Beispiel: „Die Eule“ (siehe Übungen zum Dehnen, Übung 4).
- **Erklärungen über die Wirkungen der einzelnen Bewegungen**
  Welche Auswirkungen auf den Körper hat die momentane Übung? Die Angaben brauchen keineswegs so präzise zu sein, wie sie etwa ein Krankengymnast

machen könnte! Daneben sollte man auch davon ausgehen, dass Schüler, vor allem in der Sekundarstufe I, kein großes Interesse an diesbezüglichen detaillierten Erläuterungen haben.

- **Geräuschvolle Begleitung der Übungen (Nachahmen von Geräuschen, Atemgeräusche, allgemeine zusätzliche Geräusche)**
  Mit dieser Methode ermöglicht man dem Störer sowie der ganzen Klasse, sich durch Geräusche zu artikulieren, sich „Luft zu verschaffen“ – zuvor störende Geräusche kommen nicht mehr zur Geltung. Prinzipiell sollten Sie jedoch Übungen, mit denen gezielt Geräusche verbunden sind, erst dann verwenden, wenn Sie und die Klasse bereits Erfahrung mit der Bewegungseinheit gesammelt haben. Man kann solche Übungen beenden, indem man wortlos die nächste Übung vormacht oder ein vorher vereinbartes Stopp-Zeichen (Beispiel: der Lehrer hebt beide Arme hoch) einsetzt.

2. *Was tun, wenn sich einige Schülerinnen und Schüler nicht beteiligen wollen?*

Um dies von vornherein möglichst auszuschließen, hier einige Tipps:

- Beginnen Sie mit ganz einfachen Übungen im Sitzen. (Vergleichen Sie die Tipps zur Einführung einer Bewegungs- und Entspannungseinheit auf den folgenden Seiten.)
- Vermeiden Sie, besonders am Anfang, zu komplizierte Übungen. Die Schülerinnen und Schüler könnten sonst befürchten, dass sie eine Übung nicht ausführen können, und sich in die Passivität zurückziehen.
- Dass sich einzelne Schüler oder Schülerinnen nicht den Rücken massieren lassen wollen, kann man verstehen, wenn man bedenkt, dass manche Menschen Probleme damit haben, sich von anderen Menschen berühren zu lassen. Man hat nun die Wahl, die Massage mit einem Tennisball oder einem Massage-Igel durchführen zu lassen – damit vermeidet man eine direkte Berührung. Wird diese Form der Massage von einigen Schülern dennoch abgelehnt, so wäre zu überlegen, die Massage nicht mehr anzubieten, um diese Schüler nicht in eine Außenseiterrolle zu drängen, oder die Massage wiederholt anzubieten mit dem Ziel, dass sie sich überwinden und damit ein persönliches Erfolgserlebnis haben.
- Es sollte auch möglich sein, dass der eine oder andere Schüler nicht mitmacht. Vielleicht klinkt er sich zu einem späteren Zeitpunkt in das Bewegungsprogramm ein, wenn z. B. eine lustige Bewegung folgt, oder erst bei einer wiederholten Durchführung der täglichen Bewegungszeit.

3. *Was tun, wenn sich der Kollege nebenan über zu großen Lärm beklagt?*

- Das wäre schade, denn gerade Übungen mit zusätzlichen Geräuschen machen zumindest den Schülerinnen und Schülern der Sekundarstufe I großen Spaß. Sie können solche Übungen natürlich ausklammern und das Problem ist damit beseitigt.
- In Kollegien, in denen vermehrt Bewegungseinheiten im Unterricht verwendet werden, werden derartige kurze Störungen in der Regel akzeptiert.

4. *Was tun, wenn man bei bewegungsintensiven Übungen befürchtet, dass die Klasse außer Kontrolle gerät?*

In der mehrjährigen Praxis an unserer Schule wurde kein Beispiel bekannt, bei dem eine Klasse außer Kontrolle geriet, daher ist diese Gefahr als gering einzustufen.
Schüler genießen es sichtlich, nach langem Sitzen sich endlich wieder intensiv bewegen zu dürfen, und können dabei eventuell zu Übertreibungen neigen. Ich empfehle, keinesfalls verärgert zu reagieren.
In diesem Fall sind zwei Strategien möglich:

- Sie fahren mit Übungen fort, die die Aktivität dämpfen. Beispiele dazu: im Stehen die Arme hochstrecken und mehrmals kräftig durchatmen oder hinsetzen und eine Entspannungsübung anschließen.
- Sie übernehmen das Aktivitätsniveau der Schüler. Dies ist riskant, da man damit rechnen muss, dass die Klasse noch aktiver wird. Es ist daher nur Lehrern zu empfehlen, die sich dies zutrauen und mit Bewegungseinheiten bereits Erfahrungen gesammelt haben. Es ist insofern sinnvoll, da es dem Bewegungsdrang der Schüler Rechnung trägt. Daran lässt sich die erste Strategie anschließen.

5. *Was tun, wenn man den Eindruck hat, dass man sich vor der Klasse lächerlich macht, indem man mit den Schülern gymnastische Übungen durchführt?*

- Sind Sie der Meinung, dass Sie wegen Ihrer Kleidung oder wegen Ihrer Figur bestimmte Übungen nicht ausführen sollten, dann wählen Sie andere Übungen. Denkbar wäre beispielsweise, dass man nur Übungen im Sitzen durchführt.
- Machen Sie nur Übungen, die Sie auch selbst können.
- Schüler haben sich meist eine natürliche Freude an der Bewegung bewahrt. Es ist folglich natürlich, wenn sie bei den Übungen lachen – lachen Sie mit ihnen!

6. *Raubt mir die Bewegungszeit nicht kostbare Unterrichtszeit?*

- Bewegungs- und Entspannungseinheiten lassen sich mit Unterrichtsinhalten koppeln. Ein Beispiel dafür ist eine Fantasiereise als Einstieg in ein neues Unterrichtsthema. Beispiele für verschiedene Unterrichtsfächer finden Sie in Kapitel 5.
- Da die tägliche Bewegungszeit das Lernvermögen verbessert, kann trotz der vermeintlich „verlorenen“ Zeit das Lernen in dieser Unterrichtsstunde genauso effektiv sein oder gar effektiver als in einer Unterrichtsstunde ohne Bewegungseinheit.
- Sie können den Zeitaufwand variieren – von einer bis mehreren Minuten.

7. *Erlaubt es meine eigene Gesundheit, mich an einer Bewegungseinheit zu beteiligen?*

- Wählen Sie ausschließlich diejenigen Übungen aus, die Ihr Gesundheitszustand erlaubt. Eventuell sind für Sie nur bestimmte Kraftübungen sinnvoll sowie einige Übungen zum Entspannen.

8. *Ist anschließend konzentriertes Arbeiten möglich, wenn bei der Bewegungseinheit so viel Unruhe in der Klasse war?*

In der Regel beobachtet man, dass die Klasse nach einer Bewegungspause ruhiger und ausgeglichener ist.

- Sie beenden die Bewegungszeit mit einer Entspannungsübung – dadurch beruhigt sich die Klasse wieder.

Tipps zur Einführung einer Bewegungs- und Entspannungseinheit

1. Schritt
Sie überlegen sich, zu welchem Zeitpunkt Sie die Übungen durchführen wollen (siehe Tipp 1, S. 51 f.).

2. Schritt
Sie bauen vorsichtig Bewegungselemente in Ihren Unterricht ein. Ein Beispiel dazu (noch im Sitzen): Wir unterbrechen kurz, räkeln und strecken uns und atmen mehrmals tief durch.

3. Schritt
Sie sind schon etwas mutiger und lassen mehr Aktivität zu, die Schüler führen die Übungen zumindest teilweise im Stehen aus.
Das nächste Problem taucht auf. Welche Übungen machen wir?

Sie beginnen am besten mit einer Übung, bei der Sie einfach und sofort die Kontrolle haben, ob alle mitmachen.
Beispiele dazu:
- wir nehmen unsere Arme hoch und „spielen mit den Fingern Klavier", dabei machen wir wellenförmige Bewegungen mit den Fingern
- wir stehen auf und strecken unsere Arme hoch, als wollten wir uns bis zur Decke strecken

Falls sich einige Schüler nicht beteiligen wollen, konsultieren Sie die Trickkiste auf den vorangegangenen Seiten (S. 59 ff.).

Sie wählen danach einfache Übungen aus dem Übungskatalog (Kapitel 4).
Für den Anfang eignen sich am besten Alltagsbewegungen oder Übungen aus dem Sportbereich, da sie den Schülern weitgehend bekannt sind.
Beispiele:
- wir heben die Knie wie beim Treppensteigen
- wir strecken uns, als wollten wir ganz oben im Regal etwas holen
- wir imitieren den Doppelstock-Einsatz beim Schifahren

Um die Aktivität wieder zu bremsen, fügen Sie Entspannungsübungen an. Sie sollten nicht im Stehen, sondern im Sitzen durchgeführt werden, da man sich im Sitzen besser entspannen kann.

Für Anfänger geeignet wären z.B.:
- wir senken den Kopf, schließen die Augen und atmen jeweils lange aus
- wir legen die Unterarme auf den Tisch, schließen die Augen und denken an etwas Schönes

Weitere Hinweise zu Entspannungsübungen siehe Kapitel 4.

4. Schritt

Sie führen die Bewegungseinheiten regelmäßig durch.
Sie suchen sich aus dem Übungskatalog auch solche Übungen aus, die man etwas genauer erklären muss.

Manchmal wird es Ihnen gelingen, die Bewegungen in Ihren Unterrichtsstoff einzubinden, wenn Sie z.B. neue Vokabeln einführen und mit den Schülern zusammen diese pantomimisch darstellen. Meistens werden Sie aber die Übungseinheit isoliert vom Unterrichtsstoff gestalten und vielleicht sind Sie der Meinung, es sei notwendig, immer wieder neue Übungen einzuführen, damit die Bewegungszeit nicht langweilig wird. Nach meiner Erfahrung werden jedoch viele Übungen von den Schülern sehr gern ausgeführt und daher auch liebend gern oft wiederholt. Wiederholungen haben außerdem den Vorteil, dass der Übungsablauf schon bekannt ist und so kurze Erläuterungen dazu ausreichen oder diese ganz wegfallen können.
In der Zeit, in der Sie sich gemeinsam mit den Schülern bewegen, könnten Sie dann Hinweise zum Unterrichtsstoff geben, mit den Schülern die entspannende Abwechslung genießen, mit ihnen plaudern ...

5. Schritt

Sie lesen im Unterricht Kapitel 1. Durch Zusatzinformationen können Sie das Wissen der Schüler über gesunde Lebensweise erweitern sowie Zusammenhänge erläutern zwischen Bewegung und Entspannung einerseits und der Verbesserung der Lernleistung andererseits. Wichtig ist sicherlich, vor allem den älteren Schülern und Schülerinnen zu verdeutlichen, dass das Bewegungs- und Entspannungsprogramm kein purer Aktionismus ist, sondern eine sinnvolle Bereicherung des Schulalltags.

6. Schritt

Einzelne Schüler können (im Wechsel) die Leitung der täglichen Bewegungszeit übernehmen.

Kapitel 4: Der Übungskatalog

Allgemeines

Der Übungskatalog umfasst drei Rubriken:

1. **Übungen zur Mobilisierung**
   Alltagsbewegungen
   Bewegungen aus dem Sportbereich
   Bewegungsgeschichten und Bewegungsspiele
2. **Übungen zur Kräftigung**
3. **Übungen zum Entspannen**
   Bewegungsübungen
   Stilleübungen
   Mentale Verfahren

Wählen Sie für Ihre Bewegungszeit einzelne Übungen aus diesem Katalog aus, eine oder mehrere (siehe dazu auch Tipp 2 in Kapitel 3). Es ist nicht notwendig, dass Sie sehr viele Übungen wählen, wenn sie die Ausführung variieren. Nehmen Sie z.B. eine einfache Grundübung wie die Übung 1 aus den Übungen zur Mobilisierung, so können Sie mit mehreren Variationen leicht eine längere Übungszeit gestalten. Scheuen Sie sich auch nicht, Elemente, die bei den Schülern gut ankommen, in der gleichen Bewegungspause oder an einem anderen Tag zu wiederholen. Die Erfahrung hat gezeigt, dass die Schüler „Lieblingsbewegungen" immer wieder gern ausführen.

Ein Beispiel für eine Übungsabfolge finden Sie ab Seite 129.

Daran anschließend folgt eine **Kopiervorlage**, die die beliebtesten Übungen zu jedem Übungsgebiet enthält (S. 131). Mithilfe dieser Vorlage können Sie sich leicht einen Überblick verschaffen und Sie haben jederzeit einige Übungen verfügbar.

Bildsymbole bei den Übungen erleichtern den Einsatz. Folgende Symbole werden verwendet.

Ausführung der Übungen

im Stehen

im Sitzen

im Stehen
oder im Sitzen

Hat man die Wahl, eine Übung im Stehen oder im Sitzen zu machen, so ist das Stehen vorzuziehen, da die Schüler im Schulalltag bereits zu viel sitzen.

jeder für sich

in der Gruppe

Übungen mit diesem Zeichen schulen speziell die bildhafte Vorstellung

die Übung ist geeignet für alle Klassenstufen (10–18 Jahre)

die Übung ist geeignet für die Unterstufe (10–13 Jahre)

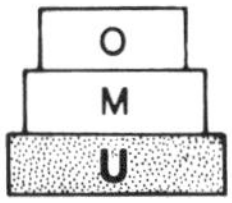

die Verwendung von Musik wird empfohlen

1. Übungen zur Mobilisierung

Alltagsbewegungen

Der Vorteil dieser Übungen:

- Die Bewegungen sind weitgehend bekannt, daher genügen wenige Bewegungshinweise, zum Teil können Hinweise sogar ganz wegfallen.
- Für die Schülerinnen und Schüler ist es eine neue Erfahrung, gymnastische Bewegungen mit Tätigkeiten aus dem Alltag zu verbinden.
- Sie schulen die bildhafte Vorstellung.
- Pantomime macht Spaß.
- Sie sind sehr abwechslungsreich, da sie leicht variierbar sind. Sie können zum Beispiel mit geringer Bewegungsweite ausgeführt werden oder mit großen, ausladenden Bewegungen. (Große Bewegungen sind kleineren vorzuziehen, da diese die Muskeltätigkeit besser stimulieren und somit den Kreislauf in Schwung bringen.)

Übung 1: „Winken"

Die Hände heben und winken.

Variationen:
- nur mit einer Hand winken
- im Wechsel winken, mal mit der linken, mal mit der rechten Hand
- mit beiden Händen gleichzeitig winken
- langsam winken mit großen Bewegungen im Wechsel mit schnellem Winken mit kleinen Bewegungen
- **wir können uns dabei auch ansehen und zulächeln!**

Hinweise/Kommentar:
Diese Übung ist äußerst beliebt. Das Lächeln hebt die Stimmung, siehe dazu auch in Kapitel 1 den Abschnitt „Das Klima in der Klasse".

Übung 2: „Wischen"

Wir wischen, indem wir die Finger strecken und auseinander spreizen und uns vorstellen, mit den Handinnenseiten auf einer Fläche zu wischen. Die Fläche, welche wir säubern, kann sich waagrecht vor uns oder waagrecht an einer Körperseite oder waagrecht über unserem Kopf befinden. Sie kann aber auch senkrecht vor uns (was am einfachsten ist) oder senkrecht an einer Körperseite liegen.

a Die Hände etwa schulterbreit auseinander halten und beide Hände (auf verschiedenen Flächen) kreisförmig bewegen.

Variationen:
- große Kreise
- kleine Kreise
- variieren: große Kreise – kleine Kreise,
  schnell – langsam,
  wir wischen an verschiedenen Stellen (zum Beispiel so weit oben wie wir können, in Kniehöhe ...),
  mit dem Uhrzeigersinn – gegen den Uhrzeigersinn,
  die beiden Hände wischen mit unterschiedlicher Drehrichtung,
  eine Hand macht große Kreise – die andere Hand macht kleine Kreise

b Die Hände etwa schulterbreit auseinander halten und geradlinige Wischbewegungen machen, beide Hände bewegen sich jeweils in die gleiche Richtung.

Variationen:
- waagrecht hin und her wischen
- auf und ab wischen oder diagonal wischen
- jeweils nur kurze Wischbewegungen machen oder beim Wischen große Strecken zurücklegen
- im Wechsel durchführen (so wird das Wischen schwungvoll und abwechslungsreich): große Wischbewegungen – kleine Wischbewegungen,
  nach oben wischen – nach unten wischen,
  nach rechts wischen – nach links wischen,
  auf verschiedenen Flächen wischen (siehe oben),
  die Hände bewegen sich beim Wischen in verschiedene Richtungen (eine Hand bewegt sich nach oben – die andere nach unten, eine Hand macht Hochtief-Bewegungen – die andere Links-rechts-Bewegungen)

c Nur mit einer Hand wischen.

Variationen:
- ein großer Teil der oben beschriebenen Varianten kann auch hier eingesetzt werden

Hinweise/Kommentar:
Diese Bewegungsformen fördern insbesondere die Zusammenarbeit der beiden Gehirnhemisphären, die koordinativen Fähigkeiten sowie die bildhafte Vorstellung. Daneben aktivieren sie die Muskulatur im Schulter- und Rumpfbereich, die sich durch das Sitzen und durch Stress leicht verspannt.

Übung 3: „Die Haare bürsten"

Direkt über den Haaren mehrmals die geöffnete Hand von der Stirn bis zum Nacken hin bewegen.

Variationen:
- nur mit einer Hand „bürsten“
- mit beiden Händen synchron „bürsten“
- beide Hände „bürsten“ im Wechsel (rechts – links – rechts ...)
- die Haare mit verschiedenen Geschwindigkeiten „bürsten“

Übung 4: „La ola"

Diese wellenförmige Bewegung größerer Menschenmengen ist von Sportstadien her bekannt. Eine Gruppe beginnt, die gestreckten Arme hochzuheben, und bevor sie die Arme wieder gesenkt hat, heben die Personen daneben die Arme und dann deren Nachbarn usw.
Die Schüler fügen als weiteres Element gerne eine verbale Äußerung hinzu, zum Beispiel ein lang gezogenes „ah“ oder „oh“.

Variationen:
- im Stehen: schwungvoll die Arme heben, beim Senken die Knie leicht beugen
- im Sitzen mit Aufstehen: wir erheben uns, wenn sich die Arme nach oben bewegen, und setzen uns wieder, wenn wir sie senken
- wir machen die Armbewegungen und bleiben dabei sitzen
- die Welle bewegt sich langsam oder schnell
- die Welle läuft im Klassenzimmer von links nach rechts und wieder zurück
- die Welle läuft von vorn nach hinten, nach vorn, nach hinten, ...

Hinweise/Kommentar:
Diese Übung hebt die Stimmung, es könnte jedoch etwas laut werden!

Übung 5: „Ein Rollo herunterziehen"

Die Hände so hoch wie möglich vor uns hoch strecken, das (imaginäre) Rollo greifen und herunterziehen bis etwa in Hüfthöhe. (Wird diese Übung im Stehen durchgeführt, so sollte man bei der Abwärtsbewegung die Knie leicht beugen.)

Hinweise/Kommentar:
Das Hochstrecken bewirkt eine Streckung der Wirbelsäule und damit eine Entlastung der Bandscheiben.

Übung 6: „Deo"

Einen Arm anheben und mit dem zweiten Arm die Bewegungen machen wie beim Abrollen eines Deo-Rollers in der Achselhöhle, danach den Arm wieder senken. Das Gleiche unter dem anderen Arm usw.
Akustische Hilfe z.B. „Deo, Deo" (dies entspricht 2 x Abrollen in der linken Achselhöhle), „Deo, Deo" (dies entspricht 2 x Abrollen in der rechten Achselhöhle).

Variationen:
- wir variieren die Geschwindigkeit der Bewegungen

Übung 7: „Ohren putzen"

Eine Hand bis in Ohrnähe heben und rotierende Bewegungen ausführen wie beim Säubern des Ohres mit einem Wattestäbchen, dann die Hand wieder senken. Dies im Wechsel am linken und am rechten Ohr ausführen usw.
Die akustische Hilfe könnte z.B. lauten: „Ohren putzen, Ohren putzen".

Variationen:
- wir variieren die Geschwindigkeit der Bewegungen
- wir halten die Augen dabei geschlossen

Übung 8: Der „heiße" Stuhl

Wir stellen uns vor, die Sitzfläche unseres Stuhles sei sehr heiß. Folglich stehen wir sofort wieder auf, nachdem wir uns gesetzt haben (mehrmals wiederholen).

Übung 9: „Zähne putzen"

Mit einer Hand eine Faust bilden und diese vor dem Mund hin und her bewegen.

Hinweise/Kommentar:
Beim „Zähne putzen“ mit der ungeübteren Hand fördern wir die Beidseitigkeit. Wird die Bewegung übertrieben weiträumig ausgeführt, so erreicht man dadurch eine höhere Bewegungsintensität.

Übung 10: „Das Gesicht waschen"

Die Handflächen öffnen und kreisende Bewegungen vor dem Gesicht machen. Akustische Hilfe z.B. „waschen, waschen, ...“.

Übung 11: „Schrubben"

Wir halten eine Hand vor den Knien, die andere in Hüfthöhe seitlich vom Körper. Durch synchrones Vor-rück-Bewegen der Arme wird die Bewegung beim Schrubben imitiert.

Variationen:
- wir wischen den Boden, die Wand oder die Decke

Weitere Bewegungsformen aus dem Alltag, die wir in der Bewegungszeit imitieren können, sind das Öffnen/Schließen von Türen (Vor-rück-Bewegungen eines Armes mit geschlossener Faust), Lenkbewegungen beim Fahren, eine Schublade aufziehen/zuschieben usw.

Bewegungen aus dem Sportbereich

Übung 1: Die Arme hochstrecken

a Beide Arme vor dem Körper hochstrecken.

Variationen:

- mit den Fingern „Klavier spielen", das heißt, die Finger wellenförmig auf und ab bewegen (gut: die Geschwindigkeit der Bewegung ändern)
- mit den Händen kreisen (mit verschiedenen Geschwindigkeiten möglich)
- Klappbewegungen mit den Händen machen (beugen – strecken; gut: die Geschwindigkeit der Bewegung ändern)
- die Hände schütteln (gut: im Wechsel langsam/schnell schütteln)
- mit den Händen winken, dabei mit beiden Händen gleichzeitig oder nur mit der rechten Hand, nur mit der linken Hand – evtl. mit dem Zusatz „wir lächeln uns an" (gut: im Wechsel langsam/schnell, mit geringer/großer Bewegungsweite winken)
- die Arme so hoch nehmen, als könnten wir uns bis zur Decke strecken, und die Fersen zusätzlich so weit wie möglich anheben
- den Körper mehrmals leicht zur rechten und zur linken Seite neigen
- die Arme mehrmals nacheinander heben und senken (gut: die Geschwindigkeit der Bewegung ändern), dabei:
  - beide Arme gleichzeitig heben und senken
  - während wir den einen Arm heben, senken wir den anderen
  - die Arme jeweils kurz nacheinander nach oben bewegen, dann kurz nacheinander nach unten, nach oben ...

b Jeweils nur einen Arm vor uns hochnehmen.

Variationen:
Es sind die ersten sieben Variationen von a) möglich.

c Die Arme an der Körperseite hochnehmen, beide Arme gleichzeitig oder jeweils nur einen Arm.

Variationen:
Hier sind alle Variationen wie bei a) möglich.

Hinweise/Kommentar:
Diese Übung eignet sich besonders für den Beginn einer Bewegungspause. Durch die erhobenen Hände haben Sie sofort die Kontrolle darüber, ob alle mitmachen (und die Schüler können das abschätzen). Sie können folglich reagieren, noch kurz abwarten, die Bewegungsanweisung wiederholen oder einen Ratschlag aus der Trickkiste aus Kapitel 3 anwenden. Bewegungen mit den Armen lockern die vom Schreiben verspannte Muskulatur und aktivieren ein größeres Gehirnareal (weitere Informationen dazu in Kapitel 3, Tipp 2, S. 52).

Übung 2: Klappbewegungen mit den Unterarmen

a Bewegungen in der Waagrechten: Wir strecken die Arme nach vorne aus und bewegen die Unterarme.

Variationen:

- wir halten die Unterarme waagrecht und bewegen sie synchron mehrmals von der einen Seite zur anderen und zurück
- wir bewegen die Unterarme gegenläufig: sie überkreuzen sich vor dem Körper, dann bewegt sich der rechte Arm zur rechten Seite und der linke gleichzeitig zur linken – und beide wieder zurück zur Mitte (mehrmals wiederholen)

- die Variationen können mit geschlossenen Augen und mit verschiedenen Geschwindigkeiten durchgeführt werden

b Bewegungen in der Vertikalen

Variationen:
- die Unterarme zunächst waagrecht halten, dann die Hände mehrmals zur Schulter hoch und zurück bewegen
- im Prinzip die gleiche Bewegung, jedoch gegenläufig: ein Arm bewegt sich nach oben, während sich der andere nach unten bewegt
- die Variationen können mit geschlossenen Augen und mit verschiedenen Geschwindigkeiten durchgeführt werden

Hinweise/Kommentar:
- dies sind einfache, unproblematische Übungen
- sie können in Kombination mit Gehen, Joggen oder Hüpfen zum entsprechenden Bewegungsrhythmus erfolgen
- sie schulen koordinative Fähigkeiten
- bei Verwendung von Musik empfehle ich ganz besonders diese einfachen Armbewegungen, isoliert ausgeführt oder in Verbindung mit Beinbewegungen

Übung 3: Wir „zeichnen" Formen mit den Armen

Wir stellen uns vor, wir würden mit den Fingerspitzen „zeichnen". Wir „zeichnen" vor uns, seitlich von uns oder über unserem Kopf verschiedene große Formen. Die Formen können auf verschiedenen Ebenen liegen.

Beispiele zur Zahl 8:

Dabei können die Arme im Ellbogen oder im Handgelenk gar nicht, gering oder deutlich gebeugt sein. Die Klasse wird es so ausführen, wie es die Lehrkraft vormacht. Alle Varianten sind auch mit geschlossenen Augen sowie mit verschiedenen Geschwindigkeiten möglich.
Achtung: Werden Buchstaben oder Zahlen „geschrieben", so stellt sich die Lehrkraft in einem Winkel von 90° zur Klasse. Steht sie frontal zur Klasse, dann muss sie die Formen spiegelbildlich darstellen.

a Wir „zeichnen" mit einem Arm.

Variationen:
- wir „zeichnen" Zahlen
- wir „zeichnen" Buchstaben
- wir „zeichnen" geometrische Elemente wie Kreise, Ellipsen, Rechtecke, Dreiecke, Winkel, ...
- wir „zeichnen" Formen wie Schlangenlinien, Zickzacklinien, Spiralen, ...
- wir „zeichnen" eine Figur und drehen uns dabei um unsere eigene Achse
- wir zeichnen die Figur und bewegen die Arme auf dem gleichen Weg zurück
- wir „zeichnen" mit verschiedenen Geschwindigkeiten

Beispiele: ein Bogen, eine Gerade, eine Schlangenlinie

b Wir „zeichnen“ mit beiden Armen.

Variationen sind wie bei a) möglich, besonders beliebt sind Änderungen in der Bewegungsrichtung und in der Geschwindigkeit der Bewegungen.

Beispiele zum Buchstaben M, zu einer Linie und zu einem Halbkreis, die die Arme jeweils gemeinsam „zeichnen“. Beim Beispiel mit den Dreiecken formt jeder Arm für sich diese Figur.

c Wir legen die Handflächen gegeneinander und „zeichnen“ mit beiden Händen gemeinsam eine Form.

Variationen sind wie bei a) möglich.

d Wir kombinieren: Wir „zeichnen“ die Form zuerst mit einem Arm, dann mit dem anderen, dann mit beiden Armen.

Beispiel: die „liegende Acht“. Wir beschreiben vor dem Körper mit den Armen langsam eine große „liegende Acht“. Dabei führen wir den linken Arm vor dem Körper nach links oben und zeichnen mehrere (3–4) Achten. Das Gleiche umgekehrt mit dem rechten Arm. Danach fassen wir die Hände und führen mit beiden Armen zugleich 3–4 „liegende Achten“ durch.
Die Augen sollten bei der Übung jeweils den Händen folgen, der Kopf bewegt sich leicht mit.

Variationen:

- wir „zeichnen“ sehr kleine liegende Achten, wobei jeweils der gestreckte Mittelfinger die Bewegung zeichnet und die Augen auf die Fingerspitze gerichtet sind
- es sind die Variationen wie bei a) möglich

Die vier folgenden Übungen sind speziell für die *Unterstufe* zu empfehlen, da sie hervorragend die Koordination trainieren. Es sind die **Variationen** wie bei a) möglich.

e Wir „zeichnen“ Bild und Spiegelbild. Je nach Lage der Spiegelebene ergeben sich veränderte Formen.

Beispiele mit den Zahlen 1 und 5 und 6:

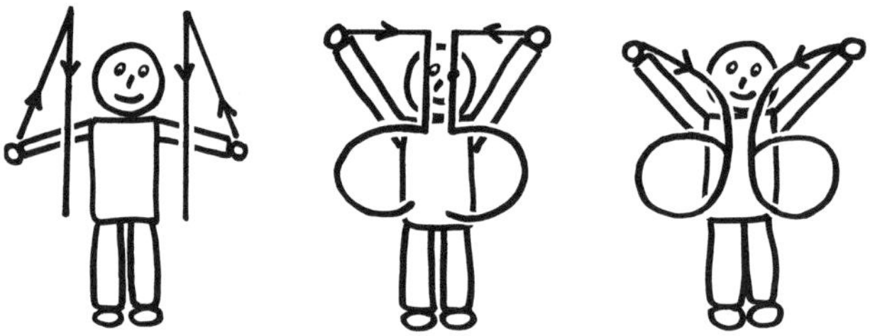

f Wir „zeichnen“ gleichzeitig mit der einen Hand die Figur groß und mit der anderen Hand klein.

g Wir „zeichnen“ gleichzeitig unterschiedliche Figuren, z.B. mit einer Hand einen Kreis, mit der anderen Hand eine Linie.

h Wir begleiten das „Zeichnen“ bewusst mit Atmen und mit zischenden Geräuschen. Wir legen dazu die Handflächen aufeinander und „zeichnen“ beidhändig.

Beispiele zu den Zahlen 1 und 3: Beim Anheben der Arme einatmen, dann beim Senken zischen.

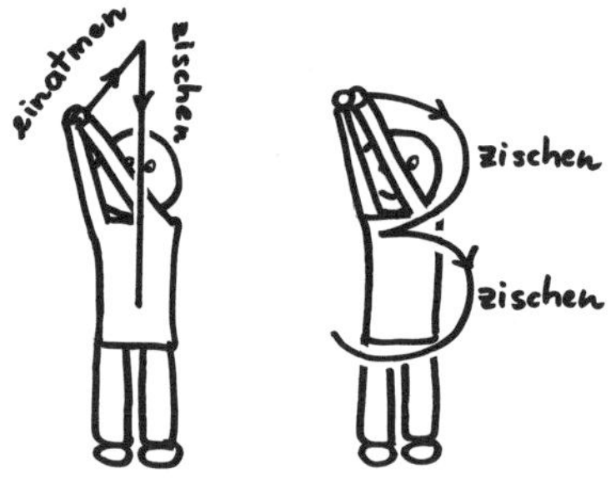

Hinweise/Kommentar:
Das „Figurenzeichnen“ eröffnet uns vielfältige Möglichkeiten für Armbewegungen. Diese Bewegungen fördern vor allem das Visualisieren (Erläuterungen dazu im Kapitel 1), die Koordination sowie die Zusammenarbeit der beiden Gehirnhälften. Die Bewegungsformen kommen teilweise in verschiedenen Sportarten vor, speziell Bewegungen in Gymnastik und Tanz können wie in diesen Übungen auf bestimmten Formen basieren und sind somit leichter in ihrer Abfolge einzuprägen.
Die Übung „Liegende Acht“ ist auch Element des von Dennison entwickelten Brain-Gym-Programms. Dies ist ein Bewegungsprogramm aus dem Bereich der Kinesiologie, das für den Schulbereich konzipiert wurde und das überwiegend Übungen aus der Gymnastik sowie Bewegungsformen aus dem asiatischen Raum enthält. Ein Großteil der Übungen, die vielen Kollegen fremdartig erscheinen, stößt jedoch im Kollegenkreis vielfach auf Ablehnung.
Nach Dennison (vgl. Dennison 1995, 14; siehe auch Übung 7, S. 86 f.) fördert die „liegende Acht“ durch die Verknüpfung der Bewegungsimpulse an beiden Körperhälften u. a. die Zusammenarbeit, d. h. die Integration, der beiden Gehirnhälften; durch die Schulung der Augenmuskelkoordination werden die Fähigkeit, etwas mit den Augen zu verfolgen (z. B. beim Lesen), und das periphere Sehen verbessert.
Ähnliche körperliche Aktivitäten, die zum Bewegungsrepertoire vieler Sportarten gehören, haben sicherlich den gleichen Effekt. Beim Lernen werden zwar überwiegend die Fähigkeiten der „Logik-Hemisphäre“ verwendet, für viele komplexe Lernvorgänge wird aber die Mitarbeit der zweiten Gehirnhemisphäre benötigt.
Die „liegende Acht“ oder ähnliche Übungen eignen sich ganz speziell als Übung direkt vor Klassenarbeiten und vor komplexen Unterrichtseinheiten, da sie einerseits das Gehirn aktivieren und andererseits durch ihre rhythmische Bewegungsfolge entspannend, folglich stressmindernd wirken. Da in der Regel die rechte Gehirnhälfte, die „Gestalt-Hemisphäre“, abgeschaltet ist, sind derartige Übungen auch ganz besonders für musische Unterrichtsfächer zu empfehlen.
Das Zischen, das bei der Übung h) Verwendung findet, ist ein Element aus dem Qi Gong. Durch das Zischen erfolgt eine verstärkte Ausatmung, was eine erhöhte Sauerstoffzufuhr beim nachfolgenden Einatmen bewirkt.

Übung 4: Joggen

a Auf der Stelle laufen.

Variationen:

- hier sind insbesondere Rhythmusänderungen zu empfehlen, Beispiele: langsam laufen – wir steigern die Laufgeschwindigkeit – wir laufen so schnell wir können – die Geschwindigkeit drosseln ...
- betont weiträumige Armbewegungen kommen hinzu, um die Bewegungsintensität zu steigern: die Arme so bewegen, wie sie beim normalen Laufen bewegt werden: wenn das linke Bein am Boden aufsetzt, ist der rechte Arm vorne, und wenn das rechte Bein aufsetzt, ist der linke Arm vorne, ...; zusätzlich können Armbewegungen aus Übung 1, 2, 3 oder 11 verwendet werden
- die Knie vorn verstärkt hochziehen (gut: langsam/schnell im Wechsel)
- die Fersen hinten so hoch nehmen wie möglich (gut: langsam/schnell im Wechsel)
- beim Laufen um die eigene Achse drehen (gut: die Drehgeschwindigkeit ändern)
  - ohne Pause dazwischen einmal herumdrehen (evtl. wiederholen)
  - jeweils nur eine viertel Drehung machen, in dieser Position einige Zeit laufen und dann weiterdrehen oder
  - jeweils nur eine halbe Drehung machen, zunächst weiter laufen ohne zu drehen, dann erst weiterdrehen
- sobald der Lehrer „stopp" ruft, kurz in der Körperhaltung verharren (ein paar Sekunden lang), die wir gerade einnehmen – und danach weiterlaufen
- zusätzlich die Schultern bewegen (siehe auch Übung 8, S. 87)

b Beim Laufen den Platz verlassen.

Variationen:

- auf den Platz des Tischnachbarn laufen und wieder zurück auf den eigenen, mehrmals wiederholen (gut: langsame/schnelle Platzwechsel)
- im Klassenzimmer laufen, ... auf den eigenen Platz zurückkehren (gut: im Wechsel langsam/schneller laufen)

Hinweise/Kommentar:
Joggen hat eine erhebliche Kreislaufaktivierung zum Ergebnis und somit eine verbesserte Gehirndurchblutung. Dies wiederum schafft günstige körperliche Voraussetzungen für Denkprozesse (siehe Kapitel 1). Joggen ist eine einfache Grundübung, die Bestandteil fast jeder Bewegungspause sein könnte! Tragen Schülerinnen Schuhe mit hohen Absätzen, so könnte man darauf Rücksicht nehmen und diese Bewegungsform nur kurz ausführen.

Übung 5: Gehen

a Jeder geht allein.

Variationen:
- es sind die Variationen möglich wie bei Übung 4, Joggen
- die Schuhsohlen am Boden schleifen lassen: wir setzen einen Fuß vorne auf und schleifen dann zurück zum anderen Fuß
- so langsam gehen, dass man lange auf einem Bein steht (Gleichgewichtsübung)
- mit schlechter Körperhaltung gehen (z.B. mit nach vorn hängenden Schultern)
- ganz aufrecht und gerade gehen; wir stellen uns vor, jemand würde unseren Kopf nach oben ziehen
- Gehen mit Ausdrucksformen (geeignet für die Klassen 5–7, bei Bezug zum Unterrichtsstoff auch in höheren Klassen)
  - gebeugt, niedergeschlagen (mit schlaffer Körperhaltung, gesenktem Kopf, ausdruckslosem Gesicht, baumelnden Armen, die Schuhe schleifen)
  - freudig und beschwingt (durch die Mimik Freude und Energie ausdrücken, aufrechte Körperhaltung, eine gute Körperspannung)
  - stampfend und plump wie ein Elefant (Vorsicht: es könnte laut werden)
  - grazil (wie eine Balletttänzerin, mit eleganten Armbewegungen)
  - in Zeitlupe
- Schrittkombinationen ausführen; Beispiel: Ein Bein nach vorn führen und auftippen (1), dann nach hinten führen und auftippen (2), dann zur Seite führen und auftippen (3) und wieder zurückstellen neben das andere Bein (4). Das Gleiche mit dem anderen Bein. Diese Bewegungsfolge kann vielfach ergänzt oder variiert werden.

b Gehen mit Partner oder in der Gruppe.

Variationen:

- wir hängen uns mit dem Arm bei unserem Tischnachbarn ein und gehen gemeinsam mit ihm durch das Klassenzimmer
- gemeinsam durch das Zimmer gehen und jedem Dritten, den man trifft, die Hand schütteln (oder eine andere Begrüßungsform wählen: den Kopf neigen, an den Oberarm klopfen)
- zur Gewöhnung an eine aufrechte Haltung einen Gegenstand, z.B. das Mäppchen, auf den Kopf legen und möglichst so durch das Zimmer gehen, dass der Gegenstand nicht zu Boden fällt

Hinweise/Kommentar:

Gehen bewirkt nur eine mäßige Kreislaufbelastung, es bieten sich aber eine Vielzahl einfacher Varianten an. Gehen ist unproblematisch für Lehrkräfte mit gesundheitlichen Problemen (oder mit hohen Schuhen), für die Übungen wie Joggen, Hüpfen etc. nicht geeignet sind.

Übung 6: Hüpfen

a Beidbeiniges Hüpfen am Platz.

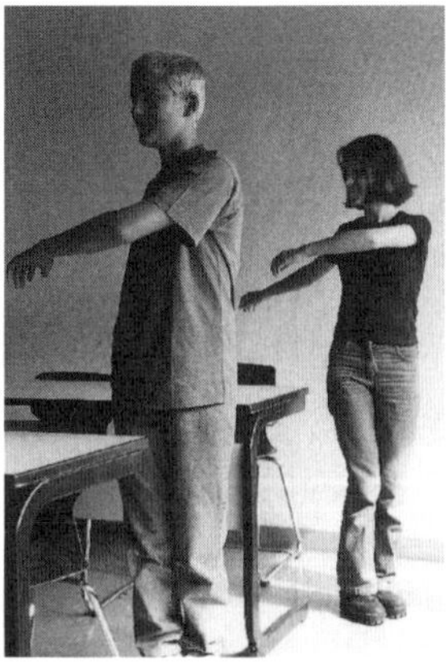

Variationen:

- wir hüpfen am Platz
- wir hüpfen mehrmals nach links und nach rechts und wieder zurück (siehe 1 rechts oben)
- wir hüpfen am Platz und drehen die Hüfte jeweils von der rechten zur linken Seite und zurück; so setzen die Füße jeweils schräg am Boden auf (siehe 2)
- wir hüpfen vorwärts – rückwärts (siehe 3)
- wir hüpfen im Viereck (im oder gegen den Uhrzeigersinn, siehe 4)
- wir drehen uns beim Hüpfen um unsere eigene Achse, im Uhrzeigersinn oder gegen den Uhrzeigersinn

- wir drehen beim Hüpfen den Oberkörper nach rechts und die Füße nach links und umgekehrt
- gut: alle Variationen sind mit verschiedenen Geschwindigkeiten möglich, im Wechsel langsam/schnell und sie können kombiniert werden

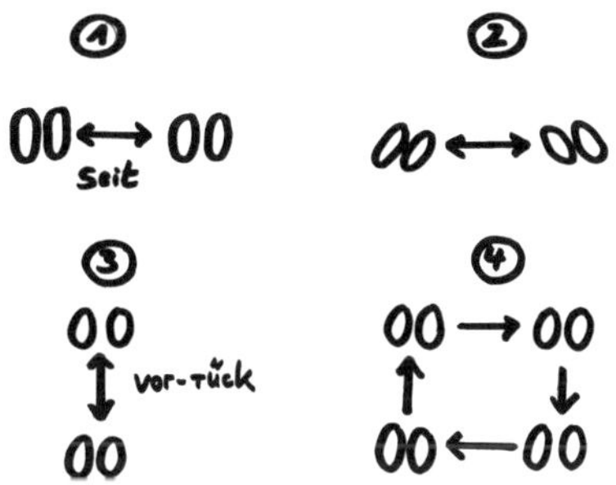

b Wechselhüpfen.

Variationen:
- wir hüpfen im Wechsel vorwärts – rückwärts, dabei bewegen sich die Beine in die entgegengesetzte Richtung (siehe 1 unten)
- wir grätschen und schließen die Beine im Wechsel (siehe 2)
- wir grätschen und überkreuzen die Beine im Wechsel (siehe 3)
- wir hüpfen von einem Bein auf das andere
- gut: alle Variationen sind mit verschiedenen Geschwindigkeiten möglich, im Wechsel langsam/schnell und sie können kombiniert werden

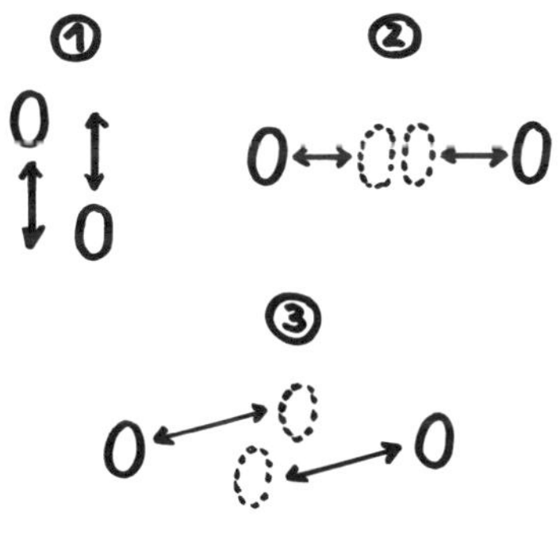

Hinweise/Kommentar:
Beim Hüpfen wird relativ viel Energie verbraucht, es eignet sich daher sehr gut dazu, den Kreislauf zu aktivieren; im Zusammenhang mit Bewegungskombinationen fördert es die Koordination. Durch Rhythmuswechsel und Kombinationen erzielt man leicht eine spaßbetonte Atmosphäre.
Tragen Schülerinnen Schuhe mit hohen Absätzen, so ist von dieser Übung abzuraten.

Übung 7: Überkreuzbewegungen

Auf der Stelle gehen mit den natürlichen Armbewegungen: Wenn das linke Bein am Boden aufsetzt, ist der rechte Arm vorn, setzt das rechte Bein auf, so ist der linke Arm vorn, ...
Dabei können wir zusätzlich die Arme einsetzen:

a Überkreuzbewegungen mit Klatschen auf die Knie.

Variationen:

- Überkreuzgehen: wir gehen und heben unsere Knie etwas höher, klatschen dabei mit der rechten Hand auf das linke Knie und mit der linken Hand auf das rechte Knie – und so weiter im Wechsel.
  Auch hier sei nochmals speziell auf mögliche Rhythmusänderungen hingewiesen: Wir wechseln zwischen langsamer und schneller Ausführung.
  (Diese Übung kann man auch im Sitzen machen)
- Überkreuzhüpfen (hüpfen heißt, mit dem einen Bein, auf dem wir stehen, etwas hochspringen und sogleich auf diesem wieder landen) und auf die Knie klatschen wie beim Überkreuzgehen
- Überkreuzlaufen und auf die Knie klatschen wie beim Überkreuzhüpfen
- bei der Übung gehen, hüpfen oder laufen und zusätzlich die Augen schließen

b Überkreuzbewegungen mit Klatschen auf die Schuhe („Schuhplattler").
Wir heben das linke Knie, klatschen mit der rechten Hand auf den linken Schuh - wir heben das rechte Knie und klatschen mit der linken Hand auf den rechten Schuh – und so weiter im Wechsel (mit verschiedenen Geschwindigkeiten möglich). Dreht man beim Anheben des Beines die Knie jeweils nach außen, so ist es einfacher, den Schuh zu berühren.

Variationen:
- dabei gehen
- dabei hüpfen
- dabei laufen
- bei der Übung gehen, hüpfen oder laufen und zusätzlich die Augen schließen

c Den Platz verlassen und sich im Klassenzimmer bewegen mit den Bewegungen von a), außer mit geschlossenen Augen (gut: die Geschwindigkeit der Bewegungen ändern).

Hinweise/Kommentar:
Diese Übungen schulen die Überkreuzkoordination von Armen und Beinen, beide Gehirnhälften müssen im Einklang zusammenarbeiten. Daneben stellen sie durch die Druckveränderungen in den Bandscheiben eine Gymnastik für die Wirbelsäule dar. Zu den Überkreuzbewegungen gehören normales Gehen und Laufen, sofern diese mit den eigentlich natürlichen gegengleichen Armbewegungen verbunden sind. Viele Menschen haben bei diesen einfachen Bewegungen jedoch Koordinationsmängel, beim Tragen von Gegenständen entfällt häufig sinnvollerweise die Armbewegung ganz. Überkreuzbewegungen sind auch Bestandteil vieler Bewegungen in den verschiedenen Sportarten. Sie sind auch Teil des Brain-Gym-Programms (siehe Hinweise dazu auf S. 81 und vgl. Dennison 1995, 13).
Nach Dennison fördert diese Übung u.a. die Zusammenarbeit der Augen, Ohren und der Großhirnhälften und verbessert die Grob- und Feinmotorik bezüglich der Koordination zwischen Ober- und Unterkörper.

Übung 8: Die Schultern bewegen

Die Grundposition sollte eine aufrechte Haltung sein. Daher diese Vorbereitung: Wir ziehen die Schultern vorne hoch, bewegen sie so weit wie möglich nach hinten und lassen sie dann locker fallen.

a Bewegungen mit beiden Schultern.

Variationen:

- wir lassen die Schultern rückwärts kreisen, gleichzeitig oder im Wechsel, langsam oder schnell
- wir ziehen die Schultern hoch und lassen sie danach fallen, gleichzeitig oder zunächst die eine Seite, dann die andere Seite (gut: die Geschwindigkeit der Bewegung ändern)
- „Schüttelübung“: Wir stehen schulterbreit und versuchen Becken und Kopf zu fixieren. Wir führen die Schultern im Wechsel nach vorn und zurück. Wir beginnen langsam, werden schneller und versuchen, eine hohe Geschwindigkeit bis zu 20 Sekunden lang zu halten.
- „Der Gummimensch“ (im Stehen): Wir stehen etwas breiter als schulterbreit, damit wir gut das Gleichgewicht halten können, und wir versuchen, im Rumpf- und Schulterbereich locker und entspannt zu sein. Wir schieben unsere Schultern mehrmals langsam von der einen zur anderen Seite und zurück – dies erzeugt ein Schwanken des Körpers zu den Seiten hin. Mit zusätzlicher Kopfbewegung wird die Bewegung noch lockerer, aber schwieriger: Der Kopf bewegt sich mit Verzögerung zur Seite, daher ist dieser noch nach links geneigt, wenn wir die Schulter bereits nach rechts bewegen und umgekehrt. Wir können die Schultern auch so weit zur Seite schieben, dass wir nur noch auf einem Bein stehen können.
- „Der Gummimensch“ (im Sitzen): Wir schieben unser Körpergewicht von der einen Gesäßseite zur anderen und nehmen dabei die Schultern mit, eventuell mit Kopfbewegungen (s.o.).
- wir können alle diese Übungen mit geschlossenen Augen machen

b Bewegungen mit einer Schulter.

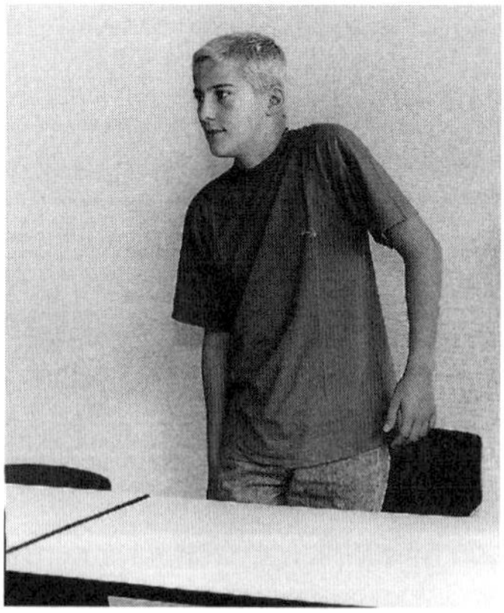

Variationen:

- wir heben und senken die Schultern (gut: die Geschwindigkeit der Bewegung ändern)
- wir lassen die Schultern rückwärts kreisen (gut: die Geschwindigkeit der Bewegung ändern)
- wir machen die Bewegungen mit geschlossenen Augen

Hinweise/Kommentar:
Diese Übungen lockern insbesondere die durch das Sitzen beanspruchte Muskulatur im Schulter und Rumpfbereich und schulen das Empfinden für den eigenen Körper, vor allem dann, wenn sie mit geschlossenen Augen durchgeführt werden. Die Schüttelübung stammt aus dem Qi Gong; danach dient sie dazu, die Meridiane durchlässig zu machen als Grundlage zum Wiederherstellen eines Energiegleichgewichtes im Körper. Die Übung „Der Gummimensch" entspricht durch die Be- und Entlastung der Bandscheiben einer Massage derselben, die die Ernährung und Regeneration der Bandscheiben unterstützt.

Übung 9: Bewegungen aus einzelnen Sportarten

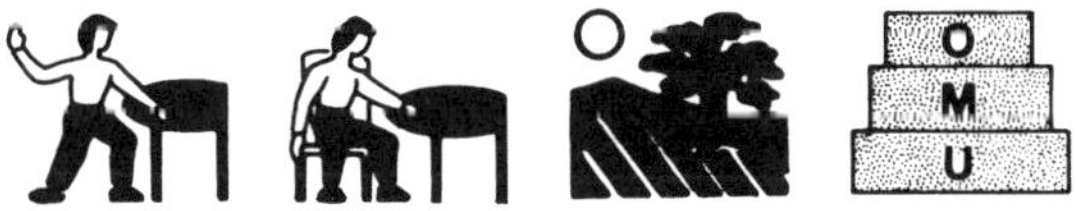

Erfolgen die Bewegungen etwa im normalen Atemrhythmus, so kann man die entspannende Wirkung der bewussten Atmung nutzen. Laute Atemgeräusche wie ein zischendes Ausatmen können die Ausatmung intensivieren.

a Brustschwimmen

Die Hände sind vor der Brust und werden in Brusthöhe nach vorn geführt, der Oberkörper neigt sich dabei nach vorn, der Kopf wird leicht gesenkt. Danach werden die Hände in einem Bogen nach außen wieder zurückgenommen, Kopf und der Rumpf werden wieder aufgerichtet.
Bewusste Atmung: Man atmet aus, wenn die Arme nach vorn geführt werden, und atmet ein bei der Rückwärtsbewegung.
Bei sehr langsamer Ausführung können zusätzlich durch die verstärkte Anspannung der Rückenmuskulatur Akzente gesetzt werden: Bei der Rückbewegung der Arme werden die Schulterblätter zur Wirbelsäule hingezogen.

b (Brust-)Kraulen

Mit einer leichten Vorneigung des Oberkörpers und des Kopfes lässt man die Arme im Wechsel vorwärts kreisen (wenn die eine Hand vor dem Kopf ist, befindet sich die andere in der Rumpfgegend).

c Doppelstockeinsatz beim Schifahren
Die Arme in Brusthöhe nach vorn führen und schwungvoll an den Knien vorbei im Bogen nach hinten bewegen. Zusätzlich die Knie beugen und strecken wie beim Schifahren: Bei der Bewegung der Arme nach hinten die Knie leicht beugen, bei der Bewegung der Arme nach vorn wieder strecken.
Man kann eine bewusste Atmung hinzufügen: Bei der Vorwärtsbewegung der Arme einatmen, bei der Rückwärtsbewegung ausatmen.

d Rudern
Die Hände führen eine elliptische Bewegung vor dem Körper aus. Oberkörper und Kopf neigen sich nach vorn bei der Vorwärtsbewegung, der Körper richtet sich auf bei der Rückwärtsbewegung. Die Knie beugen, wenn die Hände sich nach vorn bewegen, und die Knie strecken, wenn sie zurückgeführt werden.

Ruderer fahren mit dem Rücken zur Fahrtrichtung, daraus resultiert der primäre Krafteinsatz beim Rückführen der Arme zum Körper hin. Bei langsamer Ausführung ist ein gezieltes Anspannen der Rückenmuskulatur bei diesem Rückführen möglich (die Schulterblätter zur Wirbelsäule hin ziehen).
Man kann eine bewusste Atmung hinzufügen: Ausatmen bei der Vorwärtsbewegung, Einatmen bei der Rückwärtsbewegung.

e Boxen
Die Hände zu einer Faust schließen und die Arme bewegen wie beim Boxen, die Beine bewegen sich leichtfüßig mit.

f Rad fahren
Man sitzt auf dem Stuhl und bewegt die Beine wie beim Rad fahren. Achtung: Es besteht die Gefahr der Hohlkreuzhaltung! Hält man sich hinter dem Rücken an der Stuhllehne fest, fällt es leicht, den Rücken aufzurichten.

Hinweise/Kommentar:
Die Vorzüge dieser Übungen:
- sie schulen das Visualisieren durch die bildhafte Vorstellung der Sportart
- bei wiederholter Anwendung reicht ein Stichwort als Bewegungsanweisung
- durch sportspezifische Anmerkungen können spaßbetonte Akzente gesetzt werden (Beispiele: Endspurt, der Gegner will überholen – wir steigern die Geschwindigkeit, Radpanne – Pause, ...)
- bei langsamer Ausführung dienen die Übungen als Krafttraining zur Stärkung der Rückenmuskulatur sowie dazu, eine aufrechte Körperhaltung einzuüben.

Übung 10: Schnelligkeitstraining

a Schnelligkeitstraining mit den Händen.

Variationen:
- die Hände anheben und schnelle, wechselnde Fingerbewegungen ausführen, die Finger dabei auf und ab bewegen oder die Finger kreisen lassen
- die Hände anheben und im schnellen Wechsel öffnen und schließen
- die Hände auf den Tisch legen, mit den Fingern auf die Unterlage trommeln, d.h. wellenförmig die Finger heben und senken
- die Hände auf den Tisch legen, mit den Händen auf die Unterlage trommeln
- alle Variationen können mit geschlossenen Augen, mit nur einer Hand, mit beiden Händen gleichzeitig oder gegenläufig (heben/senken) ausgeführt werden (eine Hand heben und gleichzeitig die andere senken)

b Schnelligkeitstraining mit den Beinen.

Variationen:
- „Der heiße Boden": Im schnellen Wechsel die Fußsohlen auf dem Boden aufsetzen. Nicht stampfen (es könnte laut werden), sondern die Füße nur leicht aufsetzen und blitzschnell wieder anheben.
- nur die Fersen anheben: beide gleichzeitig, im Wechsel oder nur eine Ferse anheben
- die Fußspitzen anheben: beide gleichzeitig, im Wechsel oder nur eine
- alle Variationen können mit geschlossenen Augen ausgeführt werden

Hinweise/Kommentar:
- diese Übungen trainieren die Koordination, mehrere Gehirnteile müssen zusammenarbeiten
- diese schnellen Bewegungen aktivieren eigens das Nervensystem, holen die Schüler schnell aus ihrer Passivität
- diese Übungen machen den Schülern besonders viel Spaß
- die Übungen mit den Beinen (außer „der heiße Boden") erlauben es, sich zu aktivieren, ohne dass andere dadurch gestört werden (z.B. bei Klassenarbeiten). Sie können auch unauffällig in der Öffentlichkeit durchgeführt werden.

Übung 11: Body-Percussion

Wir bewegen uns und erzeugen Geräusche mit einzelnen Körperteilen.

Variationen:

Alle Variationen sind mit verschiedenen Geschwindigkeiten und Kombinationen möglich!

- wir klatschen in die Hände
- wir klatschen auf die Oberschenkel
- wir klatschen auf die Schulter
- wir klatschen auf die Brust unterhalb des Schlüsselbeines
- wir pfeifen
- wir schnalzen mit den Fingern
- wir schnalzen mit der Zunge
- Wir kombinieren Klatschen mit Tempo- und Rhythmuswechsel und mit verbalen Äußerungen dazu. Letztere können einfache Rhythmushilfen sein wie hop-top-ex (siehe dazu auch Kapitel 3, Tipp 4) oder Anregungen zum positiven Denken (vgl. Abschnitt „Positives Denken und Ankern", Kapitel 1).
  Beispiel für eine Kombination, im Sitzen ausgeführt: Wir klatschen auf die Oberschenkel (mit der rechten Hand auf den rechten Oberschenkel, mit der linken Hand auf den linken) und sagen „ich", wir klatschen mit beiden Händen auf die Brust (unterhalb des Schlüsselbeines) und sagen „bin", wir strecken die Arme hoch und sagen „fit". Es bereitet besonderen Spaß, diese Kombination im Wechsel mehrmals langsam und mehrmals schnell auszuführen.
- wir klatschen auf die Hände eines Partners (siehe Foto rechts)

Hinweise/Kommentar:

Body-Percussion ist sehr beliebt bei den Schülern, vor allem rhythmische Kombinationen zwischen Klatschen auf die Oberschenkel und in die Hände (im Sitzen ausgeführt). Man sollte die Übung keineswegs zu ernsthaft sehen, da Schüler öfter versehentlich oder absichtlich fehlerhaft klatschen. Sie erfordert eine gute Koordinationsfähigkeit bei Lehrern und Schülern. Diese Übungen machen den Schülern besonders Spaß und bringen sie zum Lachen, was Stress reduziert und ein gutes Klassenklima fördert (siehe dazu auch Kapitel 1).

Übung 12: Wir „zeichnen" Formen mit der Nase, der Schulter oder den Beinen

Wir „zeichnen" Zahlen, Buchstaben, geometrische Formen (Kreise, Ellipsen, Dreiecke, gerade Linien, Halbkreise, ...), kurze Wörter und verwenden dazu die Nase, eine Schulter oder ein Bein. „Zeichnen" wir mit einem Bein im Stehen, so können wir uns zur Sicherheit mit einer Hand auf dem Tisch abstützen.

Variationen:

- wir machen die Bewegung in eine bestimmte Richtung (z.B. mit der Nase eine Zickzacklinie von links nach rechts) und wieder zurück
- wir machen die Übungen mit verschiedenen Geschwindigkeiten (langsam/schnell, mit Akzentuierungen) und/oder mit geschlossenen Augen

Hinweise/Kommentar:

Diese Bewegungen machen viel Spaß und sind gekennzeichnet durch ihre Formenvielfalt. Sie schulen die koordinativen Fähigkeiten, insbesondere die der Feinmotorik. Die Kopf- und Schulterbewegungen aktivieren die Durchblutung der oft durch die Sitzhaltung verspannten Schulter- und Nackenmuskulatur.

Bewegungsgeschichten und Bewegungsspiele

Bewegungsgeschichten

Die Lehrkraft erzählt eine Geschichte, in der gehäuft Passagen vorkommen, die man durch Bewegungen darstellen kann. Eine Bewegungsgeschichte sollte nicht vorgelesen werden, sondern frei zu den Bewegungen erzählt werden. Bei den zwei folgenden Beispielen macht jeder Schüler Bewegungen auf der Stelle – dies erleichtert die Organisation. Selbstverständlich können Bewegungsgeschichten auch Bewegungen im ganzen Klassenzimmer gestatten, als Gag sind sie auch in höheren Klassenstufen einsetzbar.

Hinweise/Kommentar:
Wider Erwarten sind Bewegungsgeschichten nicht nur für die Unterstufe geeignet, sondern auch für höhere Klassenstufen. Bewegungsgeschichten gehören z.B. auch zum typischen Aufwärmprogramm für Schikurse mit Erwachsenen. In Bewegungsgeschichten können alle Elemente einer Bewegungspause eingebaut werden: Bewegungs- und Kraftübungen, Atemübungen, positive Aussagen usw.

Beispiel 1: „Das Pferderennen"

Wir stehen zu Beginn. **Die Pferde aktivieren ihre Muskulatur vor dem Start.** Dazu spannen sie einzelne Muskelgruppen kurz an, um die Durchblutung zu steigern. Sie ballen die Fäuste und spannen ihre Arm- und Rückenmuskulatur an, sie spannen ihre Wadenmuskulatur an, sie heben die Knie und spannen die Oberschenkelmuskeln (dies alles von den Schülern ausführen lassen). **Start. Die Pferde laufen** (auf der Stelle laufen) so schnell sie können. Es kommt ein **Hindernis** – sie springen darüber (die Knie nacheinander anheben und kurz vom Boden abspringen). **Sie laufen weiter** (laufen), es kommt das nächste **Hindernis** (s.o.). **Weiter laufen** (laufen). Noch ein **Hindernis** (s.o.). Sie laufen durch **hohes Gras** (die Knie hochziehen beim Laufen). **Sie laufen weiter** (laufen). Der **Ast eines Baumes** ist im Weg (sich ducken beim Laufen). Ihre **Kondition lässt nach** (langsamer laufen). **Das letzte Hindernis naht** – sie steigern ihr Lauftempo (schneller laufen) und springen (s.o.). **Endspurt** (schnell laufen). **Sieg!** (Alle reißen die Arme hoch und strahlen; dabei laufen sie langsam aus.)

Beispiel 2: „Herbert frühmorgens"

Wir stehen zu Beginn.
Herbert wacht frühmorgens auf, **gähnt und streckt sich** (gähnen und die Arme hochstrecken). Er **schaut auf die Uhr** (auf die Uhr schauen). Es ist spät, er muss sich beeilen. Schnell **putzt er seine Zähne** (Bewegungen wie beim Zähneputzen machen), **wäscht sich** (Bewegungen wie beim Gesichtwaschen machen), **bürstet sich die Haare** (Bewegungen wie beim Haarebürsten machen). Er zieht sich an (evtl. passende Bewegungen machen), **läuft zur Schule** (laufen auf der Stelle). Er **winkt** unterwegs (winken), weil er Annette trifft, **lächelt** ihr zu (lächeln). Ganz **außer Atem kommt er an** (nicht mehr laufen, kräftig und geräuschvoll atmen). Herbert **strahlt** (strahlen) – er ist noch rechtzeitig da!

Beispiel 3: „Obelix"

Wir stehen zu Beginn.
Was macht Obelix? Natürlich – er **trägt einen Hinkelstein** (der Lehrer dreht sich zur Seite, damit die Schüler die folgende Haltung besser sehen: den Oberkörper leicht vorneigen, die Hände hinter das Gesäß mit den Handflächen nach oben) und er **stapft durch das Dorf** (schwerfällig auf der Stelle gehen, die Knie etwas anheben) und **geht auf den Hügel** in Richtung Wald (die Knie betont anheben). Er **lehnt seinen Hinkelstein an einen Baum** (in die halbe Kniebeuge gehen und wieder hoch, die Hände neben den Körper nehmen) und **wischt sich die verschwitzte Stirn ab** (mit den Handrücken nacheinander über die Stirn wischen). Plötzlich **sieht er** ein Wildschwein (eine Hand an die Stirn halten mit der Handinnenseite nach unten). Er **streckt die Arme nach vorn und spurtet los**, um es zu fangen (die Arme vorstrecken, „juhu" rufen, schnelles Laufen auf der Stelle), **er läuft und läuft und läuft**, dass seine Zöpfe fliegen (ausdauernd laufen). Das Wildschwein scheint zum Angriff überzugehen, es fletscht die Zähne! Obelix fühlt sich heute nicht wohl und **erstarrt vor Schreck** (stehen bleiben, die Hände jeweils abwehrend vor die Schultern halten mit den Handinnenseiten nach vorn, Mund und Augen weit aufreißen). Enttäuscht **trottet** Obelix **mit seinem ihm eigenen Gang** zurück ins Dorf zu Gutemine (auf der Stelle gehen, die Arme schwerfällig vor-rück-bewegen). Ihr **erzählt** Obelix von seinem Missgeschick (stehen bleiben, die Arme vor der Brust verschränken, den Oberkörper etwas zurückneigen). Sie lädt ihn ein – na wozu – zum Wildschweinessen, seinem Lieblingsgericht. Er **setzt sich hin und schmaust** (hinsetzen, beide Hände bis in Mundhöhe anheben, eine Faust bilden, die Hände vor dem Mund hin und her bewegen, mit geöffnetem Mund Kaubewegungen ausführen). Obelix **wird müde**

(gähnen), er **lehnt sich zurück** (anlehnen) und schließt die Augen (die Augen schließen) und **träumt** ... (einige Sekunden Pause) – natürlich von Wildschweinbraten ... (die Augen wieder öffnen).

Bewegungsspiele

Hinweise/Kommentar:
Diese Spielformen haben den Vorteil, dass sich der Lehrer nicht aktiv beteiligen muss, wenn er das nicht möchte. Die sozialen Kontakte bei diesen Spielen unterstützen die Entwicklung einer emotionalen Intelligenz (siehe dazu auch im Kapitel 1 „Die Entwicklung einer emotionalen Intelligenz“, S. 34 f.). Am Verhalten der Teilnehmer kann die Lehrkraft Sympathien, Antipathien, Ausgrenzungen usw. innerhalb der Klasse erkennen. Sie kann darauf mit einer Unterrichtseinheit zum Thema „Die Klassengemeinschaft“ reagieren. Als Teil des Aufwärmprogramms sind vielen solche Spiele aus dem Sportunterricht bekannt.

Spiel 1: „Blind vertrauen"

Ein Team besteht aus jeweils 2 Personen. Ein Mitschüler schließt die Augen und befolgt die Bewegungsanweisungen seines Partners. Sein Partner hält ihn an einer Hand und gibt Anweisungen so, dass er durch das Klassenzimmer gehen kann, ohne einen Gegenstand oder eine Person zu berühren.

Variationen:
- der Partner hält ihn an beiden Händen
- der Partner legt ihm eine Hand auf seine Schulter
- der Partner gibt die Anweisungen zu den Bewegungen in einer Fremdsprache
- vorher vereinbarte Handzeichen signalisieren Bewegungsänderungen. Beispielsweise: die Hand kräftig drücken heißt „Stopp“, die Hand in eine bestimmte Richtung bewegen bedeutet „in diese Richtung gehen“.

Ein möglicher Zusatz: Bevor der „Blinde“ die Augen öffnen darf, soll er so genau wie möglich schildern, an welcher Stelle des Klassenzimmers er sich befindet.

Die folgenden Spiele sind Bewegungsspiele mit Gehen oder Laufen und einer Zusatzaufgabe.
Die Schüler laufen zunächst im Klassenzimmer. Die Lehrkraft stellt eine der folgenden Bewegungsaufgaben, die dann von den Schülern ausgeführt wird. Beim Laufen kann auch Musik abgespielt werden, sobald die Musik stoppt, wird die Bewegungsaufgabe gestellt. Diese Bewegungsaufgaben können auch als Wettbewerb durchgeführt werden. Ein Beispiel dazu: „Wer kann in 30 Sekunden möglichst viele Partner ... “.

Spiel 2: Wir bilden Gruppen mit einer bestimmten Gemeinsamkeit

a Wir bilden eine Gruppe mit einer bestimmten Gruppengröße.
Die Schüler bewegen sich durch das Klassenzimmer. Die Lehrkraft ruft eine Zahl, die Schüler bilden danach eine Gruppe, die aus dieser Anzahl besteht. Die Gruppe bildet einen Kreis und hält sich dann an den Händen (oder sie bildet eine Reihe, indem jeder die Hände auf die Schultern des Mitschülers vor ihm legt). Vorzugsweise beginnt man beim ersten Durchgang mit einer Zweiergruppe und variiert bei den nächsten Aufgaben die Gruppengröße. Wer nicht aufpasst, für den ist kein Platz mehr in einer Gruppe.

b Wir definieren die Gemeinsamkeit der Gruppe unterschiedlich.
Die Schüler bewegen sich durch das Klassenzimmer. Jeder schließt sich einer Gruppe an, die eine Gemeinsamkeit hat.

Möglichkeit 1: Der Lehrer nennt die Gemeinsamkeit, die eine Gruppe haben soll. Beispiele dazu: es bilden je eine Gruppe kurze Ärmel und lange Ärmel, Gruppen mit gleichen Grundfarben im T-Shirt (in der Hose, in den Schuhen ...), Schuhe mit Schnürsenkel und Schuhe ohne Schnürsenkel, T-Shirts mit Aufdruck und ohne Aufdruck, lange Haare und kurze Haare usw.

Möglichkeit 2: Die Schüler wählen selbst die Gemeinsamkeit, die ihre Gruppe haben soll. Bei diesem Spiel ist Eigeninitiative wichtig, da man häufig nicht zu einer bereits bestehenden Gruppe passt. Gemeinsamkeiten, die relevant sein können, siehe bei Möglichkeit 1. Weil die Schüler häufig relativ uniform gekleidet sind, kann die Lehrkraft das Spiel erschweren, indem sie gewisse Kriterien ausschließt.

Spiel 3: „Wir begrüßen uns"

Die Schüler bewegen sich durch das Klassenzimmer. Wir begrüßen jeden (oder jeden Zweiten, Dritten oder Vierten ...), den wir treffen. Es können verschiedene Grußformen gewählt werden, z.B. die Hände schütteln. Sollen sich die Teilnehmer kennen lernen, so kann jeder noch seinen Namen sagen oder auch andere Dinge von sich selbst erzählen: z.B. seine Lieblingsspeise usw. Die Unterhaltung kann auch in einer Fremdsprache erfolgen.

Hinweise/Kommentar:
Auch ein Spiel zum Kennenlernen.

Spiel 4: „Jemanden zum Lachen bringen"

Die Schüler bewegen sich durch das Klassenzimmer. Wir versuchen jeden Zweiten (Dritten, Vierten, ...), dem wir begegnen, irgendwie zum Lachen zu bringen. Die Möglichkeiten können von der Lehrkraft eingeschränkt werden oder nicht. Möglich sind Mimik, Gestik, akustische Äußerungen ...

Spiel 5: „Jemandem die kalte Schulter zeigen"

Die Schüler bewegen sich durch das Klassenzimmer. Wir wenden jedem Zweiten (Dritten, Vierten, ..), den wir treffen, den Rücken zu – wir zeigen ihm „die kalte Schulter".

Spiel 6: „Bodycheck"

Die Schüler bewegen sich durch das Klassenzimmer. Wir schubsen vorsichtig bei jedem (oder jedem Zweiten, Dritten, ...), den wir treffen, mit unserer Schulter gegen dessen Schulter.

2. Übungen zur Kräftigung

Zur Auswahl der Übungen:
Die folgenden Übungen sind besonders empfehlenswert, da sie Muskelgruppen aktivieren, die zur Abschwächung neigen (speziell die Musculi rhomboidei und der untere Teil des Musculus trapezius, die die Schulterblätter zur Wirbelsäule hin ziehen), sich beim Schreiben oder als Folge der Sitzhaltung leicht verspannen, da sie für eine aufrechte Haltung wichtig sind.

Tipps zur Durchführung:
- Bei den Übungen darauf achten, dass die Schüler nicht die Luft anhalten, sondern normal weiteratmen.
- Den Spannungszustand der Muskulatur langsam steigern, dann für einige Sekunden lang halten und nach der Kontraktion bewusst entspannen. Ein An- und Entspannen der Muskulatur entspricht zugleich einer allgemeinen Entspannungsübung (siehe auch 3. Übungen zum Entspannen), wenn man sich für die Entspannungsphase einige Sekunden Zeit nimmt. Einzelne Bewegungen aus einzelnen Sportarten (vgl. Übung 9 von S. 89 f.) können auch als Kraftübungen Verwendung finden.
- Die Übungen sollten mehrmals wiederholt werden.
- Auf eine *aufrechte Rumpfhaltung* Wert legen, da bei aufrechter Haltung die Muskulatur in der richtigen Position trainiert wird (siehe auch Kapitel 3, Tipp 5, S. 57). Dies erreicht man auf einfache Weise:
  - die Schultern zuerst anheben, zurückführen und dann fallen lassen
  - Hohlkreuzhaltungen korrigieren, indem man den Rumpf in Gürtelhöhe nach hinten schiebt, bis eine gerade Haltung erreicht ist
  - im Stehen kann man die Knie leicht beugen und verhindert so (normalerweise) automatisch eine Hohlkreuzhaltung
- Für fast alle Kraftübungen gilt:

Ausnahmen werden gesondert gekennzeichnet.

Übung 1: Bewegungen an der Tischplatte

Mit beiden Handflächen auf die Tischplatte drücken und wieder entspannen.

Variationen:

- eine Hand drückt von oben auf die Tischplatte, die andere von unten – und wieder entspannen (mehrmals die Positionen wechseln)
- nur mit einer Hand von oben auf die Tischplatte drücken – und wieder entspannen (später mit der anderen Hand)
- alle Variationen können mit geschlossenen Augen durchgeführt werden

Hinweise/Kommentar:

Diese Übung, wie auch die Übungen 2 und 3, aktivieren u.a. die Rückenmuskulatur. Durch eine aufrechte Haltung bei den Übungen, gekoppelt mit einem bewussten Anspannen der Rückenmuskulatur, vermitteln sie zudem das Körpergefühl für diese Haltung.

Übung 2: Die Handflächen gegeneinander drücken

Die Handflächen in Brusthöhe gegeneinander drücken – und wieder entspannen.

Variationen:
- diese Übung in verschiedenen Positionen ausführen, z.B. über dem Kopf, an einer Körperseite, vor dem Bauch, ...
- die Übungen mit geschlossenen Augen machen
- als Partnerübung: die Handflächen auf die des Partners legen und kräftig drücken

Übung 3: Die Finger ineinander verhaken

Die Finger beugen, in Brusthöhe die Finger beider Hände ineinander verhaken und mit den Armen nach außen ziehen – und wieder entspannen.

Variationen:
- diese Übung in verschiedenen Positionen ausführen, z.B. über dem Kopf, an einer Körperseite, vor dem Bauch, ...
- die Übungen mit geschlossenen Augen machen

Übung 4: Der Kopf drückt gegen die Hand

Eine Handfläche seitlich am Kopf anlegen, mit dem Kopf gegen diese Hand drücken, wobei die Lage des Kopfes nicht verändert werden soll – und wieder entspannen. Anschließend an der gegenüberliegenden Seite des Kopfes wiederholen.

Variationen:
- eine Handfläche auf die Stirn legen, gegen diese Hand drücken und die Lage des Kopfes nicht verändern – und wieder entspannen
- beide Handflächen auf den Hinterkopf legen, gegen die Hände drücken und die Lage des Kopfes nicht verändern – und wieder entspannen

Hinweise/Kommentar:
Diese Übungen entspannen die Nackenmuskulatur. Sie werden auch in Schmerzkliniken zur Behandlung von Spannungskopfschmerzen verwendet.

Übung 5: „Hände hoch"

Die Handflächen ausbreiten und die Arme so zur Seite nehmen, dass die beiden Oberarme waagrecht zur Seite und die Unterarme senkrecht nach oben zeigen. Jetzt die Handflächen anspannen, die Ellbogen nach hinten schieben und sich darauf konzentrieren, die Schulterblätter nach schräg unten zur Wirbelsäule hin ziehen – und wieder entspannen.

Variationen:
- dabei die Hände auf verschiedenen Höhen halten
- die Übungen mit geschlossenen Augen ausführen

Hinweise/Kommentar:
Diese Übung stärkt speziell die Muskulatur im oberen Rücken und wirkt so einer Rundrückenhaltung entgegen.

Übung 6: „Eine Schublade aufziehen"

Zunächst die Arme nach vorn strecken mit den Handflächen nach oben und die Finger beugen. Danach langsam die Hände zum Körper zurückziehen und dabei die Rückenmuskulatur so anspannen, dass sich beide Schulterblätter zur Wirbelsäule hin bewegen.

Hinweise/Kommentar:
Wie oben bei Übung 5.

3. Übungen zum Entspannen

Warum machen wir Übungen zum Entspannen?
Diese Übungen beruhigen die Schüler. Sie allein können Bestandteil der täglichen Bewegungszeit sein oder sie folgen auf einen vorangegangenen bewegungsintensiven Übungsblock, sie helfen, Stress abzubauen, und können so die Lernfähigkeit verbessern und Aggressionen mildern (siehe auch „Wie Entspannungsübungen die Lernleistung fördern können", Kapitel 1). Verschiedene Entspannungsmethoden zu kennen ist eine wertvolle Hilfe für den Alltag. Die Schüler erfahren bei dieser Übungseinheit, welche Methode für sie am besten geeignet ist. Sie lernen auch Methoden kennen, die man anwenden kann, ohne dass es die Menschen in ihrer Umgebung bemerken. Werden Entspannungsphasen vor oder nach Klassenarbeiten eingesetzt, dann erfahren die Schüler am ehesten die wohltuende Wirkung der Übungen und lernen, diese Übungen in extremen Stresssituationen zu verwenden. Dabei ist jedoch zu beachten: Vor Klassenarbeiten eignen sich ausschließlich kürzere Entspannungsphasen, denn ein bisschen Anspannung wirkt aktivierend und somit leistungsfördernd.

Tipps zur Durchführung

Wie erreicht man die in Kapitel 1 beschriebenen körperlichen und geistigen Veränderungen?

Zur Auswahl der Übungen:
Allen Methoden gemeinsam ist das Ausschalten komplizierter Gedankenprozesse, indem man die Aufmerksamkeit auf einen einfachen Vorgang, einen Gegenstand oder auf eine bestimmte Vorstellung lenkt. Dies soll keine angestrengte Konzentration sein, sondern ein gedankliches Verweilen, das auch ein Abschweifen zulässt. Die Beobachtung des Atems und geschlossene Augen unterstützen zusätzlich die Entspannung.
Je nach Methode kann man Schwerpunkte setzen:

1. Eine muskuläre Entspannung erreicht man sehr gut durch aktive Methoden, die durch ein An- und Entspannen der Muskulatur gekennzeichnet sind (Übung 10 und 11).
2. Für eine geistige Erholung sind primär mentale Verfahren sowie Stilleübungen (s.u.) zu empfehlen. Dies sind passive Verfahren, bei denen man nichts tun muss als seine Gedanken auf ein Ziel hin zu lenken. Diese Methoden sind bei Schülern beliebter als die Bewegungsübungen, besonders nach anstrengendem Arbeiten.
3. Die Stimmung heben können Zusätze, durch die man sich angenehme Dinge ins Gedächtnis ruft (z.B. bei Fantasiereisen). So kann es vorkommen, dass jemand mit Sorgenfalten im Gesicht die Augen schließt und sie mit einem Lächeln wieder öffnet.
4. Eine Entspannung kann leichter erreicht werden durch eine Kopplung der Entspannungsübung mit der Vorstellung eines entspannten Zustandes. Mit zunehmender Übung kann die Entspannungsübung Schritt für Schritt reduziert werden. So könnte man den entspannten Zustand ansprechen: „Ich bin ganz ruhig“, „Es gibt nichts zu tun“, „Ich bin gelassen“, „Die Augen ruhen“, „Hals und Nacken sind angenehm warm“, „Der Kopf ist ganz leicht“, „Ruhe“.

Beleuchtung:
In einem abgedunkelten Zimmer kann man sich leichter entspannen als in einem Zimmer mit grellem Licht. Die Schüler und Schülerinnen sollen aber zugleich lernen, sich selbst bei grellem Sonnenlicht zu entspannen, denn im Alltag kann man sich zur Entspannung in der Regel auch nicht in einen dunklen Raum zurückziehen.

Sprache:
Durch die Übungen sollen die Schüler zur Ruhe kommen. Deshalb sollte der Lehrer langsam, ruhig und gleichmäßig und nicht zu laut sprechen. Wird während der Übung ein Text gesprochen, so sind Sprechpausen unbedingt notwendig (mehrere Sekunden lang). Untersuchungen ergaben nämlich, dass praktisch alle menschlichen Sprachen kurze Pausen von geringen Bruchteilen einer Sekunde beinhalten, die das Arbeitsgedächtnis des Gehirns stören. Auf diese Pausen reagiert das Gehirn reflexartig, indem es Denkvorgänge im Arbeitsgedächtnis in den Hintergrund drängt, um auf den Inhalt des Gesprochenen aufmerksam zu machen (Hellbrück 1997, 136). Redet folglich ein Lehrer bei einer Entspannungsübung ununterbrochen, so konzentrieren sich die Schüler auf die Sprache. Er nimmt ihnen damit z.B. die Möglichkeit ein umfassendes Fantasiebild aufzubauen, selbst wenn das, was er sagt, Zusatzinformationen für das Fantasiebild darstellt.

Dauer:
Der Körper benötigt eine gewisse Zeit, um einen Entspannungzustand zu erreichen, das Minimum liegt bei etwa 10 Sekunden. Geübte Personen können schon in diesem Zeitraum eine leichte Entspannung erlangen. Für die Dauer orientiert man sich zunächst an der Übung selbst, wobei unruhige Klassen mehr Zeit zum Entspannen benötigen. Die Dauer für Bewegungs- und Stilleübungen sollte 10 Sekunden bis einige Minuten betragen, für mentale Verfahren mehrere Minuten. Eine einzelne Übung kann kürzer sein, wenn mehrere Übungen in Folge durchgeführt werden.

Atmung und Augen:
Erleichtert wird die Entspannung, wenn man die Atmung bewusst wahrnimmt. Desgleichen, wenn man die Augenmuskulatur ruhen lässt, indem man fortwährend auf einen Punkt im Nahbereich schaut (auf die Schulbank oder auf den Schüler, der vor einem sitzt) oder wenn man die Augen schließt. Generell ist es von Vorteil, die Augen zu schließen, da dann die Ablenkung fehlt durch das, was wir sehen, und die häufig überanstrengten Lichtsinneszellen der Augen können für kurze Zeit abschalten und sich regenerieren. Anfangs könnte es sein, dass manche Schüler sich überwinden müssen, ihre Augen zu schließen. Häufig jedoch schließen Schüler von sich aus die Augen. Bei den folgenden Übungen wird jeweils vermerkt, wenn diese mit geschlossenen Augen möglich sind.

Probleme? Keine Probleme:
Man sollte als Lehrkraft bei der Einführung von Entspannungsübungen nicht erwarten, dass es jeder Schüler und jede Schülerin sofort fertig bringt, für längere Zeit absolut ruhig zu sein – ein gelegentliches Kichern ist eher normal. In diesen

Fällen muss die Lehrkraft geduldig sein und Toleranz zeigen, auf keinen Fall darf sie störende Schüler aus dem Zimmer schicken, wie es vielfach in der Literatur empfohlen wird. Die Erfahrung hat gezeigt, dass Schüler Entspannungsübungen außerordentlich gern machen, und man sollte von ihnen nicht verlangen, dass es ihnen von Anfang an gleich gelingt, sich so zu entspannen, wie wir es erwarten (eine Umfrage dazu siehe Kapitel 2, „Erfahrungen mit der täglichen Bewegungszeit“, S. 46 ff.). Beeindruckend ist die Erfahrung, dass Kinder die Stille mögen, was auch Maria Montessori beschrieben hat (Montessori 1952, 172).
Allein durch den Hinweis „Mund und Augen schließen“ kehrt bei einer in Entspannungsübungen erfahrenen Klasse normalerweise schon Ruhe ein.

Die Rückführung:
Sie ist nach intensiven Entspannungsübungen unbedingt notwendig. Wird bei länger andauernden Übungen ein tiefer Entspannungszustand erreicht – das erkennt man zum Beispiel am „verschlafenen Blick“ oder daran, dass Schüler gähnen – so sollte man eine kurze Aktivierung anschließen: kräftiges Durchatmen, sich räkeln, sich strecken. Denn: Entspannungsübungen haben zwar grundsätzlich eine positive Auswirkung auf das Lernen, da sie Stressfaktoren beseitigen, Personen im ausgeprägten Entspannungzustand neigen aber zur Passivität, die wir natürlich nicht erzielen wollen. Weitere Einzelheiten dazu siehe Kapitel 2, „Erfahrungen mit der täglichen Bewegungszeit“, S. 46 ff.

Geeignete Körperhaltungen bei den Entspannungsübungen:
Voraussetzung für eine optimale Entspannung ist eine bequeme Körperhaltung. Entscheidend ist, dass die betreffende Person ihre Haltung als entspannt empfindet. Das für die Entspannung günstige Liegen ist im Klassenzimmer normalerweise nicht möglich, aber auch im Sitzen kann man sich sehr gut entspannen. Teilweise wird die Körperhaltung durch die Übung festgelegt.

1. Die Droschkenkutscherhaltung:
In der Literatur wird häufig die Droschkenkutscherhaltung empfohlen: Zu Beginn macht man den Rücken gerade, stellt die ganzen Fußsohlen auf den Boden und legt die Unterarme auf die Oberschenkel. Die Hände sind locker und berühren sich nicht. Danach lässt man den Kopf etwas nach vorn sinken und rundet leicht den Rücken.

2. Sehr beliebt bei den Schülern ist auch diese Körperhaltung:

3. Im Yoga wird (abgewandelt) die folgende Sitzhaltung empfohlen:
Die Knöchel überkreuzen, die Knie nach außen bewegen und die Handrücken auf die Oberschenkel legen (Handflächen und Finger entspannen). Den Rumpf aufrichten,indem wird die Oberkante des Beckens (in Gürtelhöhe) etwas nach hinten schieben, danach den Brustkorb anheben (und leicht nach vorn-oben heben), die Schultern schieben wir etwas nach hinten (nicht anheben!).
Wir halten den Kopf gerade und stellen uns vor, jemand würde mit einem Faden unseren Kopf hochziehen. Zusätzlich können wir noch durch ein leichtes Hin- und Herschaukeln des Kopfes die Position ermitteln, bei der sich das Gewicht des Kopfes direkt über der Wirbelsäule befindet.

Tipps zur Durchführung auf einen Blick

Übungen zum Entspannen:
- grelles Licht meiden (ein Abdunkeln ist nicht notwendig)
- eine bequeme Sitzhaltung einnehmen
- wenn möglich, die Übungen mit geschlossenen Augen machen
- die Lehrkraft spricht langsam, ruhig, gleichmäßig, nicht zu laut
- bei Übungen mit Text ausgedehnte Sprechpausen einlegen
- die Übungen mindestens 10 Sekunden lang ausführen
- eventuell zusätzlich die Atmung beobachten
- nach tiefer Entspannung den Körper kurz aktivieren
- Zeitpunkt: vor Arbeiten (kurze Entspannungsphasen), nach Arbeiten (ausgedehnte Entspannungsphasen), zu Beginn, am Ende der Stunde oder zwischendurch

Bewegungsübungen

Rhythmische Bewegungsabläufe

Ruhig ausgeführte, einfache, zyklische Bewegungsabläufe haben eine entspannende Wirkung auf den Organismus. Dazu geeignete Übungen sind bereits enthalten in der Rubrik „1. Übungen zur Mobilisierung“ – Beispiele dazu sind die Übungen 3 und 9 der Bewegungen aus dem Sportbereich (S. 77 ff. und 89 f.). Bei der Durchführung mit geschlossenen Augen wird die entspannende Wirkung verstärkt.

Atemübungen

Atemübungen sind Bestandteil vieler Entspannungstechniken, können aber auch isoliert zur Entspannung eingesetzt werden. Oftmals wird eine Entspannung bereits dadurch erreicht, dass man seine Aufmerksamkeit auf die Atmung lenkt. Bei Aufregung, Stress und Anspannung wird der Atem flach und hastig. Ruhige Atemübungen vergrößern die Atemtiefe und erniedrigen die Atemfrequenz, man atmet langsamer und entspannter. Sie üben eine ausgleichende, beruhigende Wirkung auf das Nervensystem aus, was sich auf den übrigen Körper überträgt. Nach der Yoga-Lehre wird dem Körper beim Atmen Prana, die Lebenskraft, zugeführt. Atemrhythmus und Atemtiefe sollten nicht stark verändert werden, da dies den Kreislauf zu sehr beeinflusst.
Für alle Atemübungen gilt:

Übung 1: Die normale Atmung

Die Körperhaltung Nr. 3 (vgl. S. 107, oder eine andere bequeme Körperhaltung) einnehmen und die Augen schließen. Atemtechnik: den Mund geschlossen halten und durch die Nase atmen. Nach ein paar Atemzügen den Kopf leicht senken und weiteratmen.

Variationen:

- gezielt auf die Atmung achten
- wir stellen die Fußsohlen flach auf den Boden und lenken unsere Aufmerksamkeit auf das Dan-Tien-Gebiet. Nach der chinesischen Medizin liegt diese tischtennisballgroße Zone etwa drei Fingerbreit sowohl unterhalb des Nabels als auch unterhalb der Haut. Unterstützend kann man noch die rechte Hand auf diesen Bereich legen und die linke Hand auf die rechte. Diese Übung mindestens 30 Sekunden lang durchführen.
- wir denken beim Einatmen „OM“, beim Ausatmen „HA“

Hinweise/Kommentar:

Der Dan Tien gilt nach der Lehre des Qi Gong als Energiespeicher, der seine Energie durch die Konzentration auf diesen Bereich über den Körper ausbreitet. Unter dem Begriff Qi Gong fasst man Bewegungs- und Meditationsübungen zu sammen, die über Jahrhunderte in China entstanden und zur Gesunderhaltung und Heilung angewandt werden; die ältesten Quellen wurden vor ca. 4000 Jahren fixiert.

Das „OM-HA“ entspricht einem Mantra. Durch die Konzentration auf das Mantra sollen störende Gedanken und Sinneswahrnehmungen (Geräusche, Gerüche etc.) leichter ausgeschaltet werden.

Übung 2: Atmen mit verlängerter Ausatmung

Die Körperhaltung Nr. 3 (oder eine andere bequeme Körperhaltung) einnehmen, die Augen schließen und den Kopf leicht senken. Atemtechnik: durch die Nase einatmen und durch den Mund etwas länger als normal ausatmen. Maximal viermal wiederholen.

Variationen:

- Man stellt sich vor, dass die ausgeatmete Luft den Körper über die große Fußzehe verlässt. Diese Vorstellung (aus dem Qi Gong) ist ungewöhnlich, sie hat jedoch bei genügender Übung ein verlängertes Ausatmen zur Folge.
- summen oder zischen beim Ausatmen
- die Vokalatmung: während des Ausatmens wird einer der Vokale a, e, i, o oder u gesprochen

Hinweise/Kommentar:
Durch die intensive Ausatmung wird zusätzliche Restluft aus der Lunge entfernt, sodass vermehrt sauerstoffreiche Luft nachfließen kann. Nach der Yoga-Lehre bewirkt die Vokal-Atmung entspannende Vibrationen in den verschiedenen Körperteilen: beim a im Brustraum, beim e im Hals-/Nackenbereich, beim i im Kopf, beim o in der Leibmitte und beim u im Beckenraum.

Übung 3: Gähnen oder Lachen

Die Körperhaltung Nr. 3 (oder eine andere bequeme Körperhaltung) einnehmen, durch die Nase etwas länger einatmen und durch den Mund etwas länger ausatmen. Maximal viermal wiederholen, beim Ausatmen entweder
- gähnen, d.h. den Mund weit öffnen und gähnend ausatmen oder
- lachen, d.h. mit einem lauten „ha-ha-ha" ausatmen.

Hinweise/Kommentar:
Das Gähnen und Lachen entspannt die Gesichtsmuskulatur, das Lachen hebt zudem die Stimmung (siehe dazu auch Kapitel 1, „Das Klima in der Klasse"). Durch das verlängerte Ausatmen wird zusätzliche Restluft aus der Lunge entfernt, sodass mehr sauerstoffreiche Luft nachfließen kann.

Übungen zum Dehnen

Beim Dehnen bewegt man sich langsam bis zur maximalen (noch schmerzfreien) Dehnungsposition, hält diese 5–10 Sekunden und geht langsam zur Ausgangslage zurück. Den Atem dabei nicht anhalten, sondern normal weiteratmen. Für die folgenden Übungen wurde gezielt Muskulatur ausgewählt, die sich durch die Sitzhaltung oder bei Stress verspannt oder verkürzt.

Übung 4: „Die Eule"

Man legt eine Hand neben dem Hals auf die gegenüberliegende Schulter, dann dreht man den Kopf mehrmals langsam von links nach rechts und wieder zurück.

Das Gleiche mit der anderen Schulter. Zum Abschluss den Kopf nach vorn neigen.

Hinweise/Kommentar:
Dies ist eine Übung aus dem Brain-Gym-Programm (Erläuterungen siehe S. 81). Nach Dennison fördert sie u.a. die Integration von Hören, Sehen und Körperbewegungen sowie das Gedächtnis. Sie entspannt unter anderem die Muskulatur im Schulter- und Nackenbereich.

Übung 5: „Die Puppe"

Den Kopf zur rechten Seite neigen, dann das Kinn leicht nach oben drehen, dabei den linken Arm gestreckt nach unten hängen lassen und an der Körperseite nach unten ziehen. Das Gleiche auf der anderen Seite.

Hinweise/Kommentar:
Diese Übung dehnt und entspannt sehr gut die Muskulatur im Hals- und Nackenbereich, die sich beim Sitzen, beim Schreiben und durch Stress leicht verspannt.

Übung 6: Dehnung des Brustmuskels

Die Schultern anheben, nach hinten führen und fallen lassen. Jetzt die Hände hinter dem Körper verschränken (falten) und die Ellbogen strecken.

Hinweise/Kommentar:
Durch eine Rundrückenhaltung wird der Brustmuskel häufig verkürzt, seine Dehnung wie bei dieser Übung sollte einer Kräftigung der Muskulatur am Rücken vorausgehen.

Übung 7: Die Waden dehnen

Auf einem Tisch mit den Händen abstützen, eine leichte Schrittstellung einnehmen und den Rücken strecken. Jetzt die Zehen des vorderen Beines nach oben ziehen. Anschließend das Gleiche mit dem anderen Bein.

Hinweise/Kommentar:
Diese Übung entspannt den Bereich der Wadenmuskulatur, der sich durch den Sehnenkontrollreflex bei Stress verspannt (siehe dazu auch „Wie reagiert der Körper auf Stress?“, Kapitel 1, S. 15 ff.).

Übung 8: Sich drehen

Seitlich auf dem Stuhl sitzen, die linke Hüfte ist direkt neben der Stuhllehne. Wir halten uns mit den Händen an der Oberkante der Stuhllehne fest. Wir achten auf einen geraden Rücken und eine aufrechte Halswirbelsäule. Wir atmen zunächst aus und drehen dann die Körpervorderseite zur Stuhllehne hin. Wir atmen normal weiter, schauen zusätzlich mit dem Kopf über die linke Schulter und halten diese Position für einige Sekunden. Das Gleiche auf der anderen Seite.

Hinweise/Kommentar:
Diese Yoga-Übung ist eine Wohltat für den Rücken: Sie dehnt und entspannt die Muskulatur im Rumpfbereich und fördert die Mobilität der Wirbelsäule. Sie wird auch bei Rückenschmerzen empfohlen.

Übung 9: Am Arm ziehen

Den rechten Arm gebeugt hinter den Kopf führen, dabei den Unterarm nach unten hängen lassen. Jetzt mit der Hand des linken Armes den Oberarm oberhalb des Ellbogens festhalten und auf die Seite dieses linken Armes ziehen.

Hinweise/Kommentar:
Diese Übung dehnt und entspannt verschiedene Muskelgruppen im Oberarm- und Rumpfbereich.

Wechsel zwischen Anspannen und Entspannen der Muskulatur

Die entspannende Wirkung dieser Übungen beruht auf dem Phänomen einer intensiven Entspannung nach vor allem isometrischen Muskelkontraktionen, bei denen die angespannte Position für einige Sekunden beibehalten wird.

Übung 10: Progressive Muskelrelaxation nach Edmund Jacobsen (1934)

Diese Methode beruht darauf, dass man einzelne Körperpartien nacheinander anspannt und daraufhin entspannt. Man spannt einzelne Muskelpartien des Körpers 5–15 Sekunden lang an, wobei man die Spannung langsam aufbaut, 3–5 Sekunden hält und danach wieder abbaut. In der jeweils darauf folgenden Pause konzentriert man sich auf das Gefühl der Entspannung in der Muskulatur. Während der Pause kann die Lehrkraft dieses Gefühl ansprechen, beschreiben (z.B. „ die Spannung loslassen, der Muskel ist jetzt locker, der Arm liegt entspannt auf dem Tisch“) oder sie schweigt einfach. Man wählt nacheinander einzelne Muskelgruppen, Anzahl und Reihenfolge können variieren. Da Waden-, Nacken- und

Schultermuskulatur verstärkt zu Verspannungen neigen, sind sie bevorzugt für diese Übung zu empfehlen.

Ein Beispiel: im Sitzen, die Augen sind geschlossen. Folgende Körperteile können der Reihe nach angespannt und entspannt werden.

Körperteil	**anspannen** 5 (–15) Sekunden lang	**entspannen** 10 (–45) Sek. lang
Stirn	die Stirn runzeln	entspannen
Mund	die Lippen zusammenpressen	entspannen
Hände	die Fäuste ballen	entspannen
Oberarme	beide Oberarme gegen den Brustkorb pressen	entspannen
Schultern	die Schulterblätter zur Wirbelsäule hin ziehen	entspannen
Rumpf	den Bauch einziehen (und die unteren Rückenmuskeln anspannen)	entspannen
Oberschenkel	die Knie gegeneinander drücken	entspannen
Waden	die Waden anspannen und mit den Fersen gegen den Boden drücken	entspannen
Zunge	die Zunge nach oben gegen den Gaumen pressen	entspannen

Der Abschluss könnte lauten: „Wir atmen dreimal tief durch, öffnen die Augen und sind erholt und fit.“

Hinweise/Kommentar:
Diese Methode ermöglicht eine intensive Entspannung, deshalb wird sie auch zur Therapie verwendet. Nachteilig ist jedoch die lange Dauer. Geübte erreichen mit einer gekürzten Form, z.B. nur mit der letzten Übung, eventuell gekoppelt mit der Vorstellung von Entspannung, das gleiche Ergebnis.
Der Vorteil dieser Methode besteht darin, dass man einen Teil dieser Übungen durchführen kann, ohne dass dies andere Menschen bemerken. Sie eignet sich daher für Klassenarbeiten, Busfahrten usw.

Übung 11: Emotionen zeigen

Man wechselt zwischen einem An- und Entspannen der Gesichtsmuskulatur.

Variationen:

- erstaunt sein: die Augenbrauen heben, die Stirn runzeln, der Mund formt ein kleines o
- Verweigerung: die Lippen zusammenpressen
- gelangweilt sein: gähnen
- offenes Lachen: den Mund öffnen und die Mundwinkel zur Seite ziehen
- überrascht, erschreckt sein: Mund und Augen weit öffnen

Hinweise/Kommentar:
Die Schüler entspannen ihre Gesichtsmuskulatur und lernen zudem, Mimik zu deuten. (Siehe dazu auch Kapitel 5, „Sprachen allgemein“, Nr. 1, S. 138 f.)

Massagen

Werden größere Körperpartien massiert, so beginnt man jeweils an einem herzfernen Punkt und massiert zum Herzen hin, da dies den Transport des venösen Blutes zum Herzen hin unterstützt.

Übung 12: sich selbst massieren

a Gesichtsmassage
Mittel- und Zeigefinger der rechten Hand drücken von rechts gegen die Nasenwurzel, Mittel- und Zeigefinger der linken Hand drücken von links gegen die Nasenwurzel. Die Finger gleichzeitig nach oben schieben und auf den Augenbrauen nach außen weiterstreichen.

Variation:

- oberhalb der Augenbrauen nach außen streichen

b Massage der Kopfhaut

Die Fingerkuppen auf die Kopfhaut legen und mit leichtem Druck und kreisenden Bewegungen die Kopfhaut verschieben. Man wählt verschiedene Stellen, bevorzugt die Umgebung der Ohren (oder die Kopfmitte).

c Ohrmassage

Die Ohrmuscheln werden mit Daumen und Zeigefinger massiert.

d Massage mit dem Massage-Igel oder einem Tennisball

Man bewegt den Igel oder Tennisball kreisförmig oder geradlinig über Nacken, Kopf, Arme oder Rücken. Über Knochen, z.B. der Wirbelsäule, sollte der Druck deutlich verringert werden. Informationen zum Massage-Igel siehe auch in Kapitel 4, „Hilfsmittel“, S. 127 ff.

Variation:

- den Igel bzw. Tennisball zwischen Rücken und Wand einklemmen und kreisende Rumpfbewegungen ausführen

Hinweise/Kommentar:

Bei Anspannung verspannt sind häufig auch die Muskulatur im Gesicht und auf dem Kopf, was zu Kopfschmerzen führen kann. Die Gesichts-, Kopfhaut- und Ohrmassagen stammen aus dem Qi Gong, sie fördern die Durchblutung, entspannen einerseits die Muskulatur und aktivieren andererseits das zentrale Nervensystem und fördern somit die Konzentration (vgl. die Parallelen zur Akupressur).

Übung 13: Partnermassagen

a Massage mit dem Massage-Igel oder einem Tennisball

Den Partner mit einem Igel oder mit zwei Igeln gleichzeitig massieren. Siehe dazu auch Übung 12 d).

Hinweise/Kommentar:

Menschen, die Berührungen ablehnen, können mit dem Igel unproblematisch an das Berührt-Werden herangeführt werden, da hier kein direkter Körperkontakt besteht.

b Die „ Pizza-Massage"

Die Tätigkeiten beim Pizzabacken werden auf dem Rücken des Partners ausgeführt:

- den Teig kneten (mit den Fingern die Muskulatur greifen und leicht abheben)
- den Teig glätten (mit der Handfläche auf dem Rücken streichen)
- den Teig belegen mit Tomaten und Salamischeiben (an mehreren Stellen mit den Fingerspitzen auf den Rücken tippen)
- Käse darüber streuen (die Fingerspitzen schnell auf- und abbewegen und über den Rücken wandern lassen)

c Die „Wettermassage"

Mit den Händen den Rücken des Partners massieren

- es schneit (die Fingerkuppen berühren vorsichtig und im schnellen Wechsel den Rücken des Partners)
- schwere Regentropfen fallen (mit den Fingerkuppen klopfen)
- es hagelt (mit den Fingerkuppen kräftig klopfen)
- Überschwemmung (kreisende Bewegungen mit den Handflächen)
- eine Quelle entsteht (die Finger spreizen und mit je einer Hand mehrmals links und rechts der Wirbelsäule von unten nach oben streichen)

Stilleübungen

Man nimmt eine bestimmte entspannte Körperhaltung ein, das Gehirn muss nichts tun, es darf „loslassen". Die Augen fixieren entspannt einen Punkt oder sind geschlossen, die Atmung verläuft unbewusst oder man achtet auf eine verlängerte Ausatmung (z.B. durch den Hinweis „eine Kerze ausblasen").

Übung 1: Hook-ups

Teil 1: Beide Beine strecken, dann den linken Fußknöchel auf den rechten legen. Beide Arme nach vorne ausstrecken, den linken über den rechten Arm kreuzen, die Handflächen gegeneinander, danach die Finger verschränken (falten). Jetzt führen die Hände einen Halbkreis durch: zuerst nach unten, dann zum Körper hin bis vor die Brust (die Finger zeigen jetzt nach oben). Diese Haltung längere Zeit (etwa eine Minute) beibehalten. Eventuell den Kopf dabei senken, die Augen schließen und tief durchatmen. Die Übung kann auch gegengleich ausgeführt werden (den rechten Fußknöchel auf den linken legen usw.).
Teil 2: Die Füße wieder nebeneinander stellen, die Unterarme auf den Tisch oder auf die Oberschenkel legen, die Finger spreizen und die Fingerspitzen beider Hände zusammenführen (Daumenspitze auf Daumenspitze ...). Die Fingerspitzen anschauen oder den Kopf senken. Etwa eine Minute in dieser Position verharren und tief atmen.

Variationen:
Die Teile 1 und 2 können auch getrennt ausgeführt werden, beide können auch im Stehen gemacht werden.

Hinweise/Kommentar:
Dies ist eine Übung aus dem Brain-Gym-Programm (siehe dazu Anmerkungen S. 81). Einige Autoren verbinden mit ihr verschiedene positive Wirkungen, unter anderem die Zusammenführung aller bioelektrischen Funktionskreise im Körper, die bestimmte Gehirnleistungen verbessern. In der Praxis machen die Schüler den Teil 1 dieser Übung gern vor oder während Arbeiten, um sich zu sammeln – bei dieser Übung kann man nicht herumzappeln!

Übung 2: Die Stirnbeinhöcker berühren

Mit den Fingerspitzen beider Hände jeweils die Stirnbeinhöcker berühren. Wir atmen ruhig und können in aller Ruhe an eine Stresssituation denken, eventuell noch die Augen schließen.

Hinweise/Kommentar:
Auf den Stirnbeinhöckern liegen Reflexpunkte, die auch beim Touch-for-Health-Verfahren verwendet werden. Berührt man diese Reflexpunkte, so ändert sich die Gehirndurchblutung in der Weise, dass emotionaler Stress abgebaut wird (vgl. Lesch/Förder 1998, 92).

Übung 3: Zur Nasenwurzel blicken

Die Augen schließen und die Blickrichtung auf die Nasenwurzel zwischen den Augen richten.

Hinweise/Kommentar:
Der Blick ist auf die Stelle des dritten Auges gerichtet, von taoistischen Medizinern Shang-Dan-Tien-Punkt genannt. Er gilt nach ihrer Lehre als Energiezentrum des Gehirns, die Konzentration darauf stärkt dieses Zentrum. Die Übung kräftigt die inneren Augenmuskeln, die unter Stress häufig auf Grund des peripheren Sehens länger werden, was Augenfolgebewegungen erschwert (vgl. Hannaford 1997, 128, und Hackl 1996, 103).

Übung 4: Die Zungenübung

Die Zunge an den oberen Gaumen legen, die Zungenspitze liegt hinter den Schneidezähnen.

Variation:
- Die Zunge nach oben hin einrollen und mit der Zungenspitze den weichen Gaumen in der hinteren Zone der Mundhöhle berühren.

Hinweise/Kommentar:
Diese Übung gilt als eine der einfachsten und effektivsten Möglichkeiten zur Entspannung. Man verbindet damit die beiden Meridiane, die senkrecht entlang der Körpermitte verlaufen. In Kombination mit Atembeobachtung und Bemerkungen, die die Entspannung ansprechen, kann ihre Wirkung noch gesteigert werden.

Übung 5: Vorne – hinten

Eine Hand quer mit der Handinnenfläche auf die Stirn legen, die andere auf die gleiche Weise gegenüber auf den Hinterkopf legen, eventuell noch die Augen schließen.

Hinweise/Kommentar:
Die Wirkung ähnelt der von Übung 2, S. 119 f.

Mentale Verfahren

Die entspannende Wirkung dieser Übungen ist aus der Meditationspraxis her bekannt. Man schließt (meist) die Augen und lenkt die Gedanken auf eine bestimmte Vorstellung. Diese Übungen schulen die Fähigkeit, „sich Bilder zu machen", was eine der Grundvoraussetzungen für ein gutes Gedächtnis darstellt (siehe auch „Wie funktioniert Lernen?", Kapitel 1, S. 23 ff.).

Die Aufmerksamkeit auf einzelne Sinneswahrnehmungen lenken

Übung 1: Wir hören, sehen oder fühlen und versuchen, andere Wahrnehmungen in den Hintergrund treten zu lassen

a Hören: die Augen schließen und auf die Geräusche der Umgebung achten, jedoch nicht zu angestrengt.

Variation:
- entspannende Musik hören (siehe dazu auch Kapitel 3, Tipp 6)

b Fühlen: einen Gegenstand in die Hand nehmen, die Augen schließen und langsam seine Oberfläche ertasten. Es bieten sich Gegenstände an, die immer greifbar sind: Radiergummi, Buch, Stifte, Spitzer oder Gegenstände aus dem jeweiligen Fachbereich (z.B. Zahnräder, Muschelschalen, Steine, ...).

Variation:
- die Schüler schließen erst die Augen und erhalten danach einen Gegenstand, den sie ertasten

c Sehen.

Variationen:
- einen Gegenstand in ca. 40 cm Abstand betrachten und Augenbewegungen meiden
- sich einen Vorgang anschauen (z.B. Video-Aufnahmen von Kaminfeuer).

Hinweise/Kommentar:
Diese meditativen Betrachtungen helfen dem Gehirn abzuschalten und sich nur noch einem Objekt zu widmen. Lenkt man die Aufmerksamkeit auf Gegenstände in ca. 40 cm Entfernung, so werden die gestressten inneren Augenmuskeln gestärkt. Sind die Gegenstände mehr als 5 Meter entfernt, so kann sich das Auge vollständig entspannen, da es nicht mehr akkommodieren (sich anpassen, d.h. die Linse mit Muskelkraft verformen) muss.

Die Aufmerksamkeit auf komplexe Vorstellungen lenken

Für die folgenden Übungen 2 bis 4 gilt:

Übung 2: Sich angenehme Dinge vorstellen

Es gelten die allgemeinen Hinweise zu mentalen Verfahren, die auf S. 121 unten gegeben werden.

Variationen:
- Bilder (z.B. Sonnenuntergang, Meeresstrand)
- Orte
- Lebewesen (z.B. Lieblingstier, ein Mensch, den man mag)
- Situationen, Vorgänge (z.B. selbst mit Inline-Skates fahren, Kaminfeuer)
- sich ein Wort denken, mit dem man Entspannung verbindet (z.B. „Ruhe“)
- an ein Wort denken, mit dem wir Glücklichsein verbinden
- sich vorstellen glücklich zu sein, ganz ohne Grund
- Geräusche (z.B. ein vorbeifahrender Zug, Vogelgezwitscher)
- Gerüche (z.B. der Duft von Rosen, der Duft von Heu). Die Schüler sollen den Duft selbst bestimmen können. Allergiker dürfen nicht den Duft wählen, auf den sie allergisch reagieren, da bereits Vorstellungen negative Reaktionen hervorrufen können.

Hinweise/Kommentar:
Gedanken an angenehme Dinge können die gute Laune verbessern bzw. schlechter Laune vorbeugen. Eine positive Grundstimmung ist eine wichtige Voraussetzung für das Lernen; siehe dazu auch in Kapitel 1 „Das Klima in der Klasse“.

Übung 3: Körperreisen

Die Aufmerksamkeit wandert dabei von Körperteil zu Körperteil. Äußerst wichtig sind die *Sprechpausen*, die durch die Punkte angedeutet werden. Die Pausen sollen einige Sekunden dauern, damit man sich in Ruhe die jeweilige Vorstellung aufbauen kann. Man setzt sich bequem hin und schließt die Augen.

Beispiel 1: „Arme und Beine“
„Wir konzentrieren uns auf die rechte Hand ...
und wandern hoch bis zur Schulter ... bis zum Nacken ...
wir konzentrieren uns auf die linke Hand ...
und wandern auch hier hoch bis zur Schulter ... zum Nacken ...
unsere Aufmerksamkeit ist bei der Fußsohle des rechten Fußes ... dann in der rechten Wade, sie ist locker und entspannt ... wir denken an die Fußsohle des linken Fußes ... wandern hoch bis zur Wade ... auch sie ist entspannt und locker.“

Beispiel 2: „Solarplexus“
„Unsere Aufmerksamkeit wandert in das Gebiet hinter dem Magen und wir spüren die Wärme in diesem Gebiet ...
wir konzentrieren uns einige Zeit darauf ... (lange Pause)
wir achten auf langes Ausatmen und wir stellen uns vor, die Luft, die wir ausatmen, verlässt den Körper über die Fußsohlen ...
wir denken uns einen Punkt in der Mitte der Stirn ...
wir stellen uns vor, die Stirn weitet sich nach rechts und links ... zur Seite hin ...
der Punkt wandert langsam hoch und über die Schädelmitte nach hinten ... er verweilt im Nackenbereich ... er zieht ganz langsam an der Wirbelsäule herab.“

Mögliche Ergänzungen:
- Atembeobachtung
- der entspannte Zustand wird angesprochen
- ein Wärmeempfinden wird angesprochen

Hinweise/Kommentar:
Bei den Körperreisen nutzt man das Phänomen, dass sich die entsprechenden Körperteile entspannen, wenn man sich auf sie konzentriert. Beispiel 1 spricht primär die Muskulatur an, die sich durch das Sitzen und durch Stress leicht verspannt. Beispiel 2 enthält Elemente des Qi Gong. Konzentriert man seine Aufmerksamkeit auf bestimmte Bereiche, so führt dies nach der chinesischen Lehre zu einer Intensivierung und Regulierung der Energie im menschlichen Körper. Auch aus Erfahrungen beim *autogenen Training* weiß man, dass einige innere Organe positiv beeinflusst werden, wenn man sich auf Teile des vegetativen Nervensystems, z.B. auf das Sonnengeflecht (= plexus solaris, das hinter dem Magen liegt) konzentriert. Man lenkt die Aufmerksamkeit auf einzelne Körperteile, verbunden mit Gedanken an Ruhe, Wärme, Schwere. Die ursprüngliche Form des autogenen Trainings wurde von dem Berliner Psychiater Johannes Schultz (1884–1970) entwickelt. Auf Grund seiner möglichen intensiven Wirkungen auf den Kreislauf sollte es nur von geschulten Personen eingesetzt werden.

Übung 4: Fantasiereisen

Allgemeines zu Fantasiereisen:
Es wird eine Geschichte erzählt mit angenehmer Umgebung und mit angenehmen Sinneseindrücken. Schwerpunkte sind: **sehen, hören, riechen, schmecken, fühlen, genießen, Ruhe, Gelassenheit, loslassen.** Die Vorgänge und Bilder, die vom Sprecher dargestellt werden, regen die Fantasie an und verbessern die allgemeine Stimmungslage. Einschübe wie **„niemand erwartet etwas von dir“**, **„nichts ist zu tun“**, **„alles wird gut“**, **„keiner ruft nach dir“**, **„du fühlst dich wohl“** usw. nehmen die angestaute Anspannung und reduzieren das Gefühl, gestresst bzw. überfordert zu sein.
Die Person, die sich das Fantasiebild aufbaut, benötigt dafür Zeit, das heißt der Sprecher muss zwischen seinen Darstellungen unbedingt eine Pause einlegen. Die Länge der Pause liegt normalerweise zwischen 5 und 15 Sekunden.
Für viele Teilnehmer ist es unerheblich, in welcher Person (ich, du, wir ...) erzählt wird. Für einige hat das „Du“ zu starken Aufforderungscharakter („man befürchtet, man muss etwas tun“). Andere stört das „Wir“, das sie eher an Getümmel und Gedränge erinnert als an erholsame Ruhe. Daher ist anzuraten, je nach Situation eine geeignete Formulierung zu wählen. Als unproblematisch erweisen sich neutrale Formulierungen, wie z.B. „ein Schmetterling flattert vorüber“. Den Begriff Fantasiereise sollte man eher als Reise in die Fantasie als eine Reise von einem Ort zum anderen verstehen, denn: Die Teilnehmer bevorzugen es, länger an einem Ort zu verweilen und die Ruhe und das Nichtstun zu genießen.
Die Punktreihe steht jeweils für eine Sprechpause.

Beispiel 1: „Am Strand“
„Wir nehmen eine entspannte Haltung ein und schließen die Augen.
Stelle dir einen weißen, weiten Strand vor. Du liegst allein im warmen, weißen Sand ...
ein zarter Wind streicht über deine Haut ...
wir atmen mehrmals langsam und tief durch ... (lange Pause)
keiner erwartet etwas von uns ...
erlaube es auch dir selbst, nichts zu tun ... (lange Pause)
wir genießen die Ruhe ...
wir spüren die Wärme der Sonnenstrahlen ...
sie wärmen unser Gesicht, die Stirn ... die Augen ... die Wangen ...
von weitem hören wir Stimmen, sie stören uns nicht ...
wir spüren, wie wir uns entspannen, dies äußert sich in einer Form von Leichtigkeit und von Ruhe ...
leise rauscht das Meer ...

eine weiße Wolke zieht langsam vorüber ... (lange Pause)
dahinter sehen wir, wie die Sonne langsam am Meereshorizont untergeht ...
ein Wassertropfen fällt auf unsere Stirn ...
er kühlt angenehm ..."

Rückführung: „Wir öffnen die Augen, strecken und räkeln uns ...
und sind – doch nicht am Strand!"

Variationen:
- Der Zuhörer reist auf einer Wolke, liegt auf einer Wiese ...

Hinweise/Kommentar:
Fantasiereisen werden von Schülern sehr gern unternommen, auch von Schülern der Oberstufe. Sie können, wie im Beispiel dargestellt, Komponenten mehrerer Entspannungsmethoden einschließen. Es gibt viele mögliche Reiseziele, aber meine über zehnjährige Erfahrung mit Fantasiereisen im Unterricht hat gezeigt: Die Schülerinnen und Schüler wollen immer und immer wieder an den Strand.

Beispiel 2: „Positive Lebenseinstellungen"
„Wir setzen uns bequem hin und schließen die Augen.
Früh am Morgen, sich fertig machen, frühstücken – eine Hetze, wie üblich, aber wieso eigentlich? ...
ab morgen stehe ich früher auf, mache mich in aller Ruhe fertig und genieße das Frühstück ...
der Blick zum Himmel, es könnte regnen. Sei froh, wenn es nicht regnet, packe sicherheitshalber den Schirm ein – so kann dir der Regen nichts anhaben ... Gedränge im Bus, das Hase-und-Igel-Spiel, wieder einmal bleibst du ohne Sitzplatz und musst dich ärgern – nein, aber doch deswegen nicht! ...
entdeckst du nichts Erfreuliches im Bus, deine Freundin Marion etwa? ...
es ist schön, sie zu sehen ... (längere Pause)
du winkst ihr zu – sie lächelt zurück ... (längere Pause)
ihr geht gemeinsam den Weg vom Bus zum Klassenzimmer, ihr unterhaltet euch und lacht miteinander ...
und ihr seht noch mehr lachende, fröhliche Menschen ..."

Rückführung: „Wir öffnen die Augen, heben die Arme, strecken uns weit nach oben, winken und lächeln."
Weitere Fantasiereisen sind zu finden im Kapitel 5, speziell für die Fächer Biologie, Geografie und Geschichte (z.T. als Unterrichtseinstieg).
Als Literatur dazu empfehle ich Teml/Teml: Komm mit zum Regenbogen, 1996.

4. Hilfsmittel

An unserer Schule werden zusätzliche Hilfsmittel verwendet, die sich bei der täglichen Bewegungszeit bewährt haben: Fitbänder und Massage-Igel.

Übungsbeispiele mit dem Fitband

Fitbänder kann man als Rollen kaufen und jeweils auf ca. 130 cm Länge zuschneiden.
Sie werden auf zwei Arten verwendet:

1. Als Handgerät für die Übungen zur Mobilisierung
Bewegungen damit wie Kreisen, Schwingen, Übersteigen, Werfen – Fangen usw. mit den Varianten langsam/schnell, mit dem linken Arm/mit dem rechten Arm machen viel Spaß.

2. Zum Krafttraining
Das Band langsam dehnen und entspannen, in gedehntem Zustand nicht loslassen. So werden Verletzungen am Auge vermieden, die zwar unwahrscheinlich, aber nicht ausgeschlossen sind. Zudem verteilen sich die Schüler so im Klassenzimmer, dass jeder einen Sicherheitsabstand zu seinem Mitschüler hat.
Eine Hohlkreuzhaltung vermeiden, daher die Wirbelsäule im Bereich der Lendenwirbel etwas nach hinten schieben, eventuell noch die Knie leicht beugen.

Übungsbeispiele:

Übungsbeispiele mit dem Massage-Igel

Massage-Igel können auf zwei Arten verwendet werden:

*1. **Als Handgerät für die Übungen zur Mobilisierung***

Übung 1: Den Massage-Igel mit einer Hand hochwerfen und mit dieser (oder mit beiden Händen) wieder fangen.

Variationen:

- den Massage-Igel ca. 20–30 cm hochwerfen
- den Massage-Igel etwa 1 m hochwerfen
- den Massage-Igel auf den Handrücken legen und hochwerfen, normal (mit der Handinnenseite) fangen
- mit einem Partner: wir stehen uns gegenüber und werfen beide gleichzeitig den Ball zum Partner, der unseren Ball fängt

Übung 2: Den Massage-Igel mit einer Hand hochwerfen und mit der anderen Hand fangen.

Variationen:

- vor dem Körper
- über dem Kopf (etwas schwierig)
- hinter dem Körper (sehr schwierig)

Übung 3: Den Massage-Igel auf dem Handrücken balancieren.

*2. **Als Handgerät zur Massage** (siehe dazu „3. Übungen zum Entspannen“)*

Alternativen zum Igel sind Tennisbälle oder der „Vierfüßler“. „Vierfüßler“ sind teurer als Igel und nur zur Massage verwendbar, gebrauchte Tennisbälle sind preisgünstig, die Massagewirkung ist jedoch weitaus geringer als beim Igel.

Erfahrungen mit den Zusatzgeräten:

Kraftübungen mit den Fitbändern eignen sich vor allem für höhere Klassenstufen (etwa ab der 10. Klasse), jüngere Schülerinnen und Schüler werden durch das Handgerät vielleicht zu sehr zu unkontrolliertem Kräftemessen angeregt.
Massagen mit dem Igel sind für alle Klassenstufen zu empfehlen.
Beide Geräte werden sehr gern von Schülern benutzt, wenn die Bewegungszeit von ihnen gestaltet wird.

Anwendungsbeispiel für eine Übungszusammenstellung

1. Übungen zur Mobilisierung

1 Joggen auf der Stelle

(Bewegungen aus dem Sportbereich, Übung 4, S. 82)

mit intensiven Armbewegungen, dabei

a) die Beine nur ein wenig anheben
b) die Knie vorn hochziehen
c) die Fersen hinten hochziehen
d) sich um die eigene Achse drehen
e) in der gegenwärtigen Position verharren, wenn der Lehrer in die Hände klatscht
f) mit unterschiedlichem Tempo die Beine bewegen ...

2 Wir heben die Arme und winken

(Alltagsbewegungen, Übung 1, S. 68 f.)

a) mit beiden Händen gleichzeitig
b) nur mit der rechten Hand
c) nur mit der linken Hand
d) mit dem Zusatz: „Wir lachen miteinander" ...

3 „Wischen"

(Alltagsbewegungen, Übung 2, S. 69 f.)

Wir spreizen die Finger und stellen uns vor, mit der Handinnenseite auf einer Fläche zu wischen und

a) wir machen große Kreise vor dem Körper
b) wir strecken die Arme hoch und machen kleine Kreise
c) wir wechseln ab: große Kreise – kleine Kreise
d) wir führen die Kreise mit unterschiedlichen Geschwindigkeiten durch
e) wir lassen die Hände im Wechsel mit und gegen den Uhrzeigersinn kreisen ...

2. Übungen zur Kräftigung

4 „Eine Schublade aufziehen“

(Übungen zur Kräftigung, Übung 6, S. 106)

Wir strecken die Arme nach vorn (die Handinnenseite ist oben).
Jetzt ziehen wir die Hände langsam und kraftvoll zum Körper hin.
Durch den Hinweis „Schulterblätter zusammenführen“ wird die Rückenmuskulatur aktiviert, die beim Sitzen vernachlässigt wird.

3. Übungen zum Entspannen

5 „Die Eule“

(Übungen zum Dehnen, Übung 4, S. 110)

Wir ziehen mit einer Hand die gegenseitige Schulter nach vorn.
Nun bewegen wir den Kopf langsam mehrmals von der einen zur anderen Seite – so weit wie möglich.
(Das kann eine Eule natürlich besser!)
Danach ziehen wir mit der anderen Hand die gegenseitige Schulter nach vorn und bewegen den Kopf von der einen zur anderen Seite.

6 Sich angenehme Dinge vorstellen

(Mentale Verfahren, Übung 2, S. 123)

Wir legen die Hände auf den Tisch und senken den Kopf.
Wir stellen uns etwas Angenehmes vor – z.B. einen Meeresstrand, unser Lieblingstier ... (mindestens 15 Sekunden lang).
Rückführung: Wir nehmen die Arme nach oben und strecken sie so hoch wir können.

Kopiervorlage: Handreichung für Lehrkräfte

Hinweise zur Ausführung:
Vor den Übungen die Fenster öffnen, insgesamt 1–7 Minuten üben. Die Mehrzahl der Übungen kann im Stehen wie auch im Sitzen durchgeführt werden.
Wie sitzt man richtig? Es gibt keine optimale Sitzhaltung! Empfohlen werden daher wechselnde Körperhaltungen. Dennoch: Das Becken leicht nach vorn kippen (dadurch hebt sich der Brustkorb etwas und eine freiere Atmung ist möglich), den Hals und den Kopf senkrecht halten – so sitzt man gut!
Die folgenden Übungsbeispiele sind meist gekürzt dargestellt.

❄❄❄❄

1. Übungen zur Mobilisierung

Ein Tipp: Verschiedene Elemente im schnellen Wechsel oder mit verschiedenen Geschwindigkeiten, z.T. mit geschlossenen Augen ausführen; es darf lustig sein!

Alltagsbewegungen

Je intensiver und weiträumiger diese Bewegungen ausgeführt werden, desto stärker wird der Körper aktiviert.

1. **Putzbewegungen** (Übung 2, 10)
   Beispiele: Sich bewegen wie beim Wischen, Schrubben.
2. **Bewegungen bei der Körperpflege** (Übung 3, 6, 7, 9, 11)
   Beispiele: das Gesicht waschen, die Zähne putzen, die Haare bürsten
3. **„La ola“** (Übung 4)
4. **„Winken“** (Übung 1)

Bewegungen aus dem Sportbereich

1. **Bewegungen mit den Armen** (Übung 1, 2, 3 und weitere)
   Die Bewegungen können mit großer oder geringer Bewegungsweite ausgeführt werden, in verschiedene Richtungen, langsam oder schnell.
   Klappbewegungen mit beiden Armen in die gleiche Richtung oder entgegengesetzt, „Formen zeichnen“ wie Zahlen, Buchstaben, geometrische Formen ...
   Beispiel „liegende Acht“: Vor dem Körper mit den Händen eine liegende Acht beschreiben. Dabei beginnen wir mit dem linken Arm nach links oben und zeichnen mehrere (3–4) Achten. Das Gleiche mit dem rechten Arm. Danach fassen wir die Hände und „zeichnen“ mit beiden Armen zugleich 3–4 „liegende Achten“. Die Augen folgen jeweils den Fingern, der Kopf bewegt sich leicht mit.

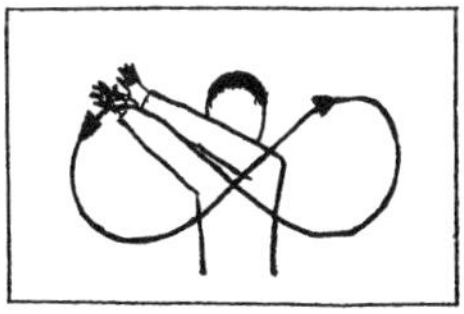

2. **Joggen oder Gehen auf der Stelle** (Übung 4, 5)
   Variationen dazu: intensive Armbewegungen, die beim normalen Laufen und Gehen ausgeführt werden, die Knie vorne hochziehen oder die Fersen hinten hochnehmen, sich dabei drehen, die Arme im Wechsel auf-/ab- oder vor-/rückbewegen, kreisende Bewegungen der Arme (Halbkreise, ganze Kreise), Kombinationen der oben genannten Bewegungen, Überkreuzbewegungen (z.B. linke Hand zum rechten Knie, rechte Hand zum linken ...)
3. **Die Schultern bewegen** (Übung 8)
   Die Schultern kreisen lassen, hoch – tief oder vor – rück bewegen. Die Übungen nur mit einer Schulter oder mit beiden zugleich ausführen.
4. **Body-Percussion** (Übung 11)
   Beispiele: In die Hände klatschen, auf die Oberschenkel, Knie, Schulter usw. – mit einer Hand oder mit beiden Händen gleichzeitig. Überkreuzbewegungen (z.B. linke Hand zum rechten Knie und umgekehrt), Klatschen auf die Hände des Partners links und des Partners rechts im Wechsel; alles ist mit verschiedenen Geschwindigkeiten und Rhythmen möglich.
5. **Bewegungen aus einzelnen Sportarten** (Übung 9)
   Beispiele: Armbewegungen wie beim Brustschwimmen, Rudern, Schilanglauf ...

Bewegungsgeschichten und Bewegungsspiele

Beispiel: Jemanden führen, der seine Augen geschlossen hält (Spiel 1)

❄❄❄❄

2. Übungen zur Kräftigung

Die Bewegungen mehrmals wiederholen. Trotz Anstrengung bei den Übungen ruhig atmen. Hohlkreuzhaltungen vermeiden (so: auf geraden Rücken achten, eventuell die Knie leicht beugen).
Vorbereitung für die folgenden Übungen: Die Schultern immer zuerst anheben, zurückführen und dann fallen lassen. Jetzt ist die Muskulatur in der richtigen Position für die Übungen.
Nach dem Anspannen die Muskulatur bewusst entspannen.

1. **Übungen an der Tischplatte** (Übung 1)
   Beispiel: mit beiden Handflächen auf die Tischplatte drücken oder eine Hand drückt von oben, die andere von unten gegen die Tischplatte ...
2. **Die Handflächen gegeneinander drücken** (Übung 2)
3. **„Hände hoch“** (Übung 5)
   Die Handflächen ausbreiten und die Arme so zur Seite nehmen, dass die

Oberarme waagrecht und die Unterarme senkrecht nach oben gerichtet sind. Jezt die Handflächen anspannen, die Ellbogen nach hinten schieben und sich darauf konzentrieren, die Schulterblätter nach schräg unten zur Wirbelsäule hin zu ziehen.

****

3. Übungen zum Entspannen

Die Übungen sollen mindestens 10 Sekunden lang ausgeführt werden. Wiederholungen sind möglich. Diese Übungen beruhigen die Schüler wieder. Langsames, vertieftes Ausatmen sowie das Fixieren eines Punktes mit den Augen oder das Schließen der Augen können die Wirkung verstärken.
Wurde ein tiefer Entspannungszustand erreicht, so eignen sich kräftiges Durchatmen, sich räkeln, sich strecken zur anschließenden Aktivierung.

Bewegungsübungen

1. **Einfache rhythmische Bewegungsabläufe** (siehe Übungen zur Mobilisierung)
2. **Atemübungen** (Übung 1–3), z.B. auch gähnen, lachen
3. **Übungen zum Dehnen**
   Beispiele:
   a) Die Waden dehnen (Übung 7): Auf einem Tisch mit den Händen abstützen, eine leichte Schrittstellung einnehmen, den Rücken strecken. Jetzt die Zehen des vorderen Beines so weit wie möglich nach oben ziehen. Beinwechsel und das Gleiche mit dem anderen Bein ausführen.

   b) „Die Eule“ (Übung 4): Eine Hand auf eine Schulter legen, dann den Kopf mehrmals langsam von rechts nach links und zurück bewegen. Das Gleiche mit der anderen Schulter.

   c) Am Oberarm ziehen (Übung 9): Einen Arm gebeugt hinter den Kopf, die Hand zwischen die Schulterblätter führen. Jetzt mit der anderen Hand den Ellbogen festhalten und auf die Seite dieses Armes ziehen. Das Gleiche mit dem anderen Arm.
   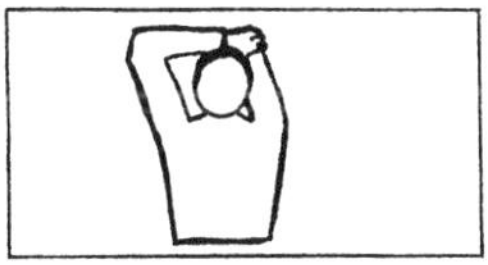
4. **Wechsel zwischen Anspannen und Entspannen der Muskulatur**
   Beispiel: Emotionen zeigen (Übung 11) – durch Veränderungen der Gesichtsmuskulatur werden verschiedene Emotionen dargestellt

5. **Massagen** (Übung 12, 13)
Wir massieren uns mit den Fingerkuppen, mit der Handfläche oder mit einem Massage-Igel bzw. Tennisball.

Beispiel: Gesichtsmassage (Übung 12): Mittel- und Zeigefinger der rechten Hand drücken von rechts gegen die Nasenwurzel, Mittel- und Zeigefinger der linken Hand drücken von links gegen die Nasenwurzel. Die Finger gleichzeitig nach oben verschieben und auf den Augenbrauen oder oberhalb der Augenbrauen nach außen streichen.

Stilleübungen

Einzelne Beispiele:

1. **Die Stirnbeinhöcker berühren** (Übung 2)
Mit den Fingerspitzen der Hände jeweils die Stirnbeinhöcker berühren und ruhig weiteratmen.
2. **Hook-ups** (Übung 1)
Beide Beine strecken, dann den linken Fußknöchel auf den rechten legen. Beide Arme nach vorne ausstrecken, den linken über den rechten Arm kreuzen, die Handflächen gegeneinander, danach die Finger verschränken (falten). Jetzt führen die Hände einen Halbkreis durch: zuerst nach unten, dann zum Körper hin bis vor die Brust (die Finger zeigen nun nach oben). Diese Haltung längere Zeit beibehalten. Eventuell den Kopf dabei senken. Die Übung kann auch gegengleich ausgeführt werden: Den rechten Fußknöchel auf den linken legen ...

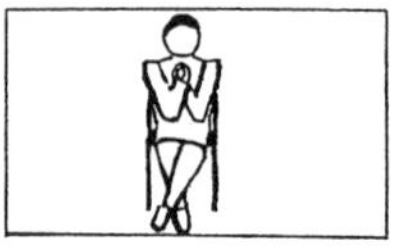

Mentale Verfahren

1. **Die Aufmerksamkeit auf einzelne Sinneswahrnehmungen lenken** (Übung 1)
Beispiele: hören, sehen, fühlen
2. **Sich angenehme Dinge vorstellen** (Übung 2)
Beispiele: Bilder, Situationen, Geräusche ...
3. **Fantasiereisen** (Übung 4)
Der Lehrer schildert eine Geschichte mit angenehmer Umgebung und angenehmen Sinneseindrücken – zum Schulen bildhafter Vorstellungen, auch als Unterrichtseinstieg.

Den Abschluss der Übungseinheit könnten positive Aussagen bilden wie:

- Jetzt fühlen wir uns gut!
- Nun können wir uns wieder konzentrieren!
- Jetzt sind wir fit und entspannt!

Kapitel 5: Die Integration von Bewegungs- und Entspannungselementen in den aktuellen Unterrichtsstoff

Allgemeines

Es ist nicht notwendig, aber vorteilhaft, Bewegungs- und Entspannungsübungen mit dem Unterrichtsstoff zu verbinden. Denn so

- benötigt man keine zusätzliche Zeit für die tägliche Bewegungszeit,
- nutzt man die lernfördernden Effekte ganzheitlichen Lernens (siehe auch in Kapitel 1 „Wie funktioniert Lernen?", S. 23 ff.),
- lockert man durch die Kombination mit Bewegung den Unterricht auf, insbesondere wenn Unterrichtsinhalte durch leicht stereotype und langweilig wirkende Wiederholungen erlernt werden müssen (z.B. beim Einprägen von Wortarten und Satzteilen).

Elemente, die in mehreren Fächern angewendet werden können:

- **Die Fantasiereise** (alle Klassenstufen, insbesondere Unterstufe)

A als Unterrichtseinstieg

Allgemeines zur Fantasiereise siehe Kapitel 4, „3. Übungen zum Entspannen", S. 125 f.

Wählt man eine Fantasiereise als Unterrichtseinstieg, verwendet man Inhalte der folgenden Unterrichtsstunde als Thema. Diese können als Vorinformation gedacht sein oder so integriert werden, dass sie neugierig machen, Fragen wecken, die Problematik ansprechen oder provokativ wirken. Bereits Bekanntes kann durch eine Wiederholung vertieft oder wieder in Erinnerung gerufen werden. Ein bedeutender Vorteil einer Fantasiereise als Unterrichtseinstieg besteht darin, dass sie zu einer Beruhigung der Klasse führen kann und dass die Hektik verschwindet.

B am Ende der Stunde als Zusammenfassung oder Ergänzung

Beispiele für Fantasiereisen sind bei den Fächern Biologie, Geografie, Physik, Geschichte und Gemeinschaftskunde zu finden. Sehr gut geeignet sind auch alle Berichte, die fachbezogen sind und die Fantasie anregen. Dies könnten sein Berichte von Forschern über ihre Arbeit (in Erdkunde, Biologie, Chemie, Physik),

Beschreibungen von vergangenen Epochen (in Geschichte, Sprachen), Arbeitsabläufe oder Mechanismen (in verschiedenen Fächern), Reiseberichte (in Erdkunde, Sprachen, Geschichte, Geologie) usw.

◆ **Meditative Betrachtungen** (alle Klassenstufen)
Es werden für den Fachbereich typische (oder auch atypische) Gegenstände betrachtet. Beispiele dazu sind bei den Fächern Bildende Kunst und Religion zu finden.

◆ **Versuche in Teamarbeit** (alle Klassenstufen)

◆ **Diskussionsrunden oder Brainstorming (= Ideensammlung) in Kombination mit Gehen** (alle Klassenstufen)
Die Schüler gehen im Zimmer umher und unterhalten sich mit ihren Mitschülern über ein bestimmtes Thema. Man redet in Fremdsprachen und bei neu gebildeten Klasse über persönliche Dinge (Lieblingsessen, Freizeitaktivitäten, wie man das Klassenklima verbessern könnte ...). Oder man unterhält sich über aktuelle Probleme, erfährt so neue Argumente und bekommt einen Überblick über das Meinungsbild in der Klasse.
Zum Abschluss werden die Ideen notiert.
Hinweise/Kommentar:
Man nutzt hier die Tatsache, dass beim Gehen ein optimales Aktivierungsniveau bezüglich geistiger Arbeit entsteht. Dadurch, dass jeder Mitschüler Ideen sammelt, können sich auch sonst schwache Schüler an der Auswertung beteiligen. Diese Methode unterstützt das Wir-Gefühl in der Klasse, indem man auch vom Wissen anderer profitieren kann.

Die folgenden Beispiele können direkt übernommen werden und sind zugleich als Anregung gedacht, weitere Unterrichtsinhalte mit Bewegungs- und Entspannungselementen zu verknüpfen.

Bewegungs- und Entspannungseinheiten in den einzelnen Unterrichtsfächern

Sprachen allgemein

Grammatik (Unterstufe)

1 Eine spielerische Analyse von Satzteilen

Der Lehrer sagt zuerst einen ganzen Satz, dann die einzelnen Satzteile. Je nachdem, welcher Kasus vorliegt, wird eine vorher abgesprochene Bewegung ausgeführt.

Beispiel 1:
Nominativ: das Mäppchen hochheben,
Genitiv: einen Stift hochheben,
Dativ: einen Radiergummi hochheben,
Akkusativ: den Arm ohne Gegenstand hochheben.

Beispiel 2:
Nominativ: alle bleiben sitzen,
Genitiv: die linke Bankreihe steht auf und setzt sich wieder,
Dativ: die mittlere Bankreihe steht auf und setzt sich wieder,
Akkusativ: die rechte Bankreihe steht auf und setzt sich wieder.

2 Eine spielerische Analyse von Wortarten

Man kann hier ähnlich wie bei den Satzteilen verfahren.

Rechtschreibung (Unterstufe)

Bestimmte Tätigkeiten werden ausgeführt bei einer bestimmten Schreibweise des genannten Wortes

Beispiel 1: Die Unterscheidung von Groß- und Kleinschreibung
Bei Großschreibung sich „groß machen", z.B. die Arme heben, bei Kleinschreibung keine Reaktion zeigen.

Beispiel 2: Unterscheidung von ß, ss und s
Wird ein Wort mit einem einfachen s geschrieben, so erfolgt keine Reaktion. Schreibt man es mit einem doppelten s, dann heben die Schüler und Schülerinnen beide Arme, schreibt man es mit ß, so heben alle ihr Mäppchen hoch.

Beide Beispiele können als **Kontrollmöglichkeit bei einer Hausaufgabe oder bei einer Lehrbuchübung** eingesetzt werden.

Aufsatz, Theateraufführungen, Lektüre (alle Klassenstufen, teilweise nur für die Unterstufe geeignet)

1 Bewegungsübungen zum Charakterisieren von Geräuschen, Vorgängen, Stimmungen und Bewegungen

Allgemeine Hinweise/Kommentar:

Häufig kennen die Schülerinnen und Schüler einzelne Begriffe nicht oder können sich nichts darunter vorstellen. Mit den folgenden Beispielen kann dieses Wissen spielerisch erworben werden. Diese Methode eignet sich grundsätzlich für alle Klassenstufen, wobei eventuell in der einen oder anderen Klasse disziplinäre Schwierigkeiten auftreten könnten. In diesem Fall siehe Abschnitt „Tipps bei Problemen mit Bewegungs- und Entspannungseinheiten", Kapitel 3.

Lehrkraft und Klasse führen die Tätigkeit gemeinsam durch. Zunächst macht sie eine Person vor und die anderen imitieren sie oder alle beginnen zur gleichen Zeit und holen sich gegenseitig Anregungen für die Ausführung.

Beispiel 1: Unterschiedliche Arten zu gehen

Die Lehrkraft und die Klasse gehen gemeinsam im Raum und variieren ihre Gangformen. Sie schlurfen, schleichen, schlendern, balancieren, stolpern, trampeln oder gehen geschwind, zögernd, schwerfällig, eiligen Schrittes, verhalten, übermütig, aufrecht, gebeugt (mit hängenden Schultern).

Beispiel 2: Unterschiedliche Geräusche

Die Lehrkraft und die Klasse räuspern sich, hüsteln, lachen schallend oder gekünstelt oder verhalten, trommeln nervös mit den Fingern auf den Tisch, lispeln, pfeifen vergnügt, klappern mit den Zähnen, rascheln mit Papier oder anderem, schnalzen mit der Zunge.

Beispiel 3: Unterschiedliche Stimmungen wiedergeben

Hinweise/Kommentar zu Beispiel 3: Die Körpersprache zu kennen ist u.a. eine grundlegende Fähigkeit, um emotionale Intelligenz zu erlangen (siehe auch Kapitel 1, „Die Entwicklung einer emotionalen Intelligenz"). Die folgenden Reaktionen sind Vorschläge, die sich von Person zu Person jedoch noch erheblich unterscheiden können.

Die Lehrkraft und die Klasse schauen erstaunt (heben die Augenbrauen, runzeln die Stirn und formen mit dem Mund ein kleines o), schauen verbissen (pressen die Lippen zusammen), sind gelangweilt (schauen regungslos fortwährend in die gleiche Richtung und/oder gähnen), lächeln (öffnen den Mund und ziehen die Mundwinkel zur Seite), sind überrascht oder erschreckt (öffnen Mund und Augen weit), drohen (heben den Unterarm und spreizen den Zeigefinger ab), sind skeptisch (ziehen die Augenbrauen zur Mitte hin), sind unsicher (machen Bewegungen aus der Körperpflege im Gesicht wie am Ohr kratzen, die Lippen abschlecken, reiben die Nase mit den Fingern, kauen an den Fingernägeln), machen

einen müden Eindruck (stützen den Ellbogen auf den Tisch und legen den Kopf in die Hand), flirten (lächeln, die Augenbrauen nach oben ziehen, der Blick senkt sich, auch die Augenlider gehen nach unten, dann wird der Blick zum Partner wieder aufgenommen), schauen traurig (die Mimik ist regungslos, der Kopf ist leicht gesenkt), zeigen den Distanzgruß (lächeln und ziehen dabei die Augenbrauen hoch und nicken eventuell noch), grüßen sich herzlich (umarmen sich).
Ideen zu diesen Bewegungen sind teilweise dieser Literatur entnommen, die ich unter anderem als weiterführende Lektüre empfehle:
Molcho, Samy: Körpersprache, München 1983; Eibl-Eibesfeld, Irenäus: Grundriss der vergleichenden Verhaltensforschung, München 1967
Beispiel 4: Der Lehrer erzählt eine Geschichte, Lehrer und Schüler machen begleitend Bewegungen und Geräusche dazu
Er lauscht an der Tür (alle halten eine Hand hinter ein Ohr und neigen sich zur Seite), er vernimmt aber nur das Ticken der Standuhr (mit den Fingern auf den Tisch tippen). Ein Windzug pfeift durch das Haus (pfeifen) – eine Tür knallt zu (in die Hände klatschen). Langsam kommen Schritte näher (auf den Boden stampfen) ...

2 Diskussionsrunden oder Brainstorming in Verbindung mit Gehen (alle Klassenstufen)
Siehe dazu in diesem Kapitel die Rubrik „Allgemeines“, S. 135 f.
Themenbeispiele: aktuelle Fragen zu Lektüren

Speziell in Fremdsprachen-Fächern

1 Die Bewegungshinweise für die vom Unterrichtsstoff isoliert ausgeführten Bewegungs- und Entspannungselemente werden in der entsprechenden Fremdsprache erteilt (alle Klassenstufen)

2 Bei der Einführung von neuen Wörtern werden diese vom Lehrer pantomimisch dargestellt, alle machen die Bewegungen mit (Unterstufe)
Die Vokabeln manifestieren sich so im Gedächtnis mit Unterstützung der Bewegung als zusätzlicher Speicherhilfe. *Beispiele* dazu siehe Kapitel 4, „1. Übungen zur Mobilisierung“, S. 68 ff.

3 Bewegungsspiele, z.B. „Blind vertrauen“ (alle Klassenstufen)
Wir führen unseren Partner durch das Klassenzimmer und geben ihm in der Fremdsprache die Anweisungen für die Bewegungen. Weitere Beispiele dazu sind in Kapitel 4 unter der Rubrik „Bewegungsspiele“(S. 96 ff.) zu finden.

4 Bewegungsgeschichten (Unterstufe, auch in höheren Klassen möglich)
Die Lehrkraft erzählt eine Geschichte, in der gehäuft Passagen vorkommen, die man durch Bewegungen darstellen kann. Hier wird die Geschichte in der Fremdsprache erzählt. Siehe dazu in Kapitel 4 die Rubrik „Bewegungsgeschichten".

5 Vokabeln abhören als Spiel (Unterstufe)
Diese Spiele sind sehr beliebt!
Beispiel 1: Der Lehrer zeigt oder sagt einem Schüler ein Wort auf Deutsch. Der Schüler übersetzt es und schreibt es so an die aufgeklappte Tafel, dass es nur ein Teil der Klasse sehen kann. Dieser Teil, der das Wort sehen kann, versucht nun, es pantomimisch darzustellen – der andere Teil muss es in der Fremdsprache erraten.
Beispiel 2: Jeweils zwei Schüler stehen im gleichen Abstand (einige Schritte) auseinander. Vokabeln werden abgefragt. Wer das richtige Wort als Erster sagt, darf einen Schritt auf seinen Partner zugehen. Gewonnen hat das Paar, das als Erstes nah beieinander steht.

6 „Simon says" (Unterstufe)
Die Aufforderung, die nach „Simon says" genannt wird, z.B. „go to the door", muss befolgt werden – alle gehen zur Tür.
Variation dazu: Wird das „Simon says" weggelassen, so ist es ein Fehler, der Aufforderung nachzukommen. Eine mögliche Belohnung für diejenigen, die keinen Fehler machen, wäre z.B., dass der Schüler für jede richtige Reaktion einen Punkt erhält.

7 Singen und sich dabei bewegen
Hierzu gibt es diverse Singspiele in den Lehrbüchern (z.B. in English G 2000, Cornelsen Verlag).

8 Diskussionsrunden oder Brainstorming in Verbindung mit Gehen (alle Klassenstufen)
Siehe dazu in diesem Kapitel die Rubrik „Allgemeines".
Themenbeispiele: meine Freizeitaktivitäten, die Bedeutung der Kolonien für die Wirtschaft der Kolonialstaaten usw.

Mathematik

Geometrie (Unterstufe)

1 Bewegungsspiele zur Spiegelung

Zuerst wird gemeinsam oder durch den Lehrer bestimmt, wo die Spiegelebene verläuft.
Beispiel 1: Der Lehrer bestimmt die Schüler, die mit ihrem „Spiegelbild" den Platz tauschen. Der Lehrer entscheidet, ob einzelne Schüler den Platz tauschen oder eine größere Gruppe.
Beispiel 2: Einzelne Schüler machen eine bestimmte Bewegung, ihr „Spiegelbild" ahmt diese nach.
Beispiel 3: Zahlen werden pantomimisch dargestellt, je nach Lage einer Spiegelebene verändert sich die Ausführung.

2 Pantomimische Darstellung von geometrischen Formen durch Hände und Arme

Weitere ***Beispiele*** zur Geometrie siehe Kapitel 4, „1. Übungen zur Mobilisierung": Bewegungen aus dem Sportbereich, Übung 3, Seite 77 ff.

Algebra (Unterstufe)

1 „Eckenrechnen"

Eine Schülergruppe (maximal 10 Personen) steht in einer Ecke des Raumes. Der Lehrer stellt Rechenaufgaben. Wer die Aufgabe als Erster löst, darf eine Ecke weiter. Gewonnen hat, wer zuerst wieder in der ursprünglichen Ecke ist. Beim Teamwettkampf: Für bestimmte erreichte Ecken werden Punkte verteilt und danach zusammengezählt.

2 Bewegungsspiel zur Teilbarkeit von Zahlen

Der Lehrer nennt eine Zahl. Je nach Teilbarkeit dieser Zahl wird eine bestimmte Bewegung durchgeführt, die vorher abgesprochen wurde.
Beispiel:
Die Zahl ist durch 2 teilbar – die Sitzreihe links steht auf und setzt sich wieder,
die Zahl ist durch 3 teilbar – die Sitzreihe in der Mitte steht auf und setzt sich wieder,
die Zahl ist durch 5 teilbar – die Sitzreihe rechts ... usw.

3 Zahlen werden pantomimisch dargestellt

Beispiele dazu siehe Kapitel 4, „1. Übungen zur Mobilisierung", Übung 3, S. 77 ff.

Physik

Fachbezogene Bewegungselemente erhält der Physikunterricht dadurch, dass jeder Schüler aktiv an einem Versuch mitarbeiten kann. Dies scheitert in der Regel an fehlendem Material. Gelingt es aber, Alltagsgegenstände zu verwenden, dann ist dies machbar. Es folgen einige besonders bewegungsintensive Versuche.

1 Versuch zum Thema „Geschwindigkeitsmessungen“ (Unter- und Mittelstufe)
Geschwindigkeiten bei verschiedenen Fortbewegungsarten
Das Team: 3–4 Personen. Jedes Team arbeitet nur an einem Versuch (was schneller zu Ergebnissen führt) oder bearbeitet mehrere Versuche.
Materialien: Stoppuhren (in den Armbanduhren vieler Schüler integriert), Stift und Blatt für die Protokollanten, Maßstab oder Maßband, evtl. ein Bauband zum Abgrenzen, Stelzen, Inline-Skates, Fahrrad, Sack ...
Man misst eine längere Strecke auf dem Schulhof ab, eventuell eine Strecke, die mehrmals zurückgelegt wird (ca. 50 m).
Die Geschwindigkeiten verschiedener Fortbewegungsarten können ermittelt werden. Beispiele: gemütliches Gehen, Walken, Joggen, Rad fahren, mit Inline-Skatern fahren, mit Stelzen gehen, Sackhüpfen (oder beidbeiniges Hüpfen), einbeiniges Hüpfen (die letzten drei über kürzere Strecken) usw.
Nach dem praktischen Teil berechnet das Team die Mittelwerte für die Geschwindigkeiten bei den einzelnen Fortbewegungsarten.

2 Versuch zum Thema: „Das Rückstoßprinzip“ (alle Klassenstufen)
Das „Düsenflugzeug“
Das Team: 4–5 Personen.
Materialien: dünne, glatte Schnur, ca. 5 m lang (aus Kunststoff, z.B. eine Angelschnur), ein Luftballon (und Ersatzballon), ein Trinkhalm, Klebeband (eventuell noch eine Schere dazu). Siehe Abbildung rechts oben.
Die Schnur wird durch den Trinkhalm gezogen. Man bläst den Ballon auf (die Öffnung wird zugehalten) und klebt ihn mit dem Klebeband am Trinkhalm fest. Jetzt den Ballon loslassen – und die Reise kann beginnen.
Zusätzlich können Geschwindigkeitsmessungen erfolgen (Materialien: Stoppuhr, Maßstab, Blatt und Stift für die Protokollanten).

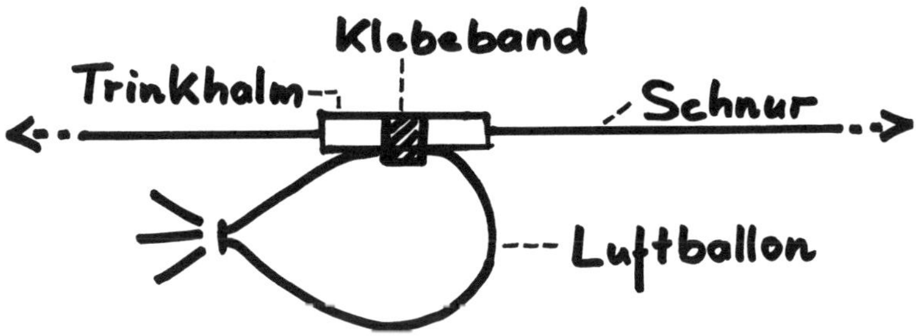

3 Versuch zum Thema „Reibungswiderstand" (alle Klassenstufen)
Hierzu kann der sehr einfache Versuch „Düsenflugzeug" variiert werden. Eine geringe Reibung bei glatter Schnur wird deutlich durch eine hohe Geschwindigkeit, niedrigere Geschwindigkeiten werden erreicht bei einer Schnur mit grober Oberfläche.

4 Versuche zum Thema „Hebelgesetze" (Mittel- und Oberstufe)
a) Wir benutzen unseren Arm als Hebel
Das Team: 2 oder mehr Personen.
Materialien: Lineal und weitere Materialien (s.u.).

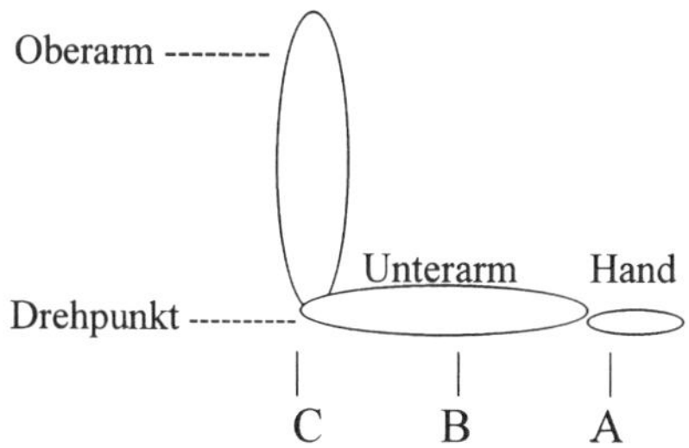

Das Ellbogengelenk ist der Drehpunkt. Wir halten verschieden schwere Gegenstände, jeweils erst am Punkt A, dann am Punkt B, dann am Punkt C. Die Strecke CB soll etwa die Hälfte der Strecke CA betragen (mit dem Lineal abmessen).
Wir halten jeweils den gleichen Gegenstand, wenn er am Punkt A, Punkt B und wenn er am Punkt C hängt. Die Schüler sollen feststellen, an welchem der Punkte sich das Gewicht leichter tragen lässt. Sie schätzen, um welchen Anteil sich der Kraftaufwand des Muskels verändert, wenn man das Gewicht anstatt bei A bei B oder bei C hält (Anmerkung: Beim Kraftaufwand muss man in jedem Fall noch das Gewicht des Armes berücksichtigen).
Diese Gegenstände können zum Heben verwendet werden: Schulrucksäcke, mit Wasser, mit Steinen oder mit Metallteilen gefüllte Eimer usw.

b) Wir heben einen schweren Gegenstand
Das Team: 3 Personen.
Materialien: eine Stange (Besenstiel o.Ä.), ein Stück Balken oder ein größerer Stein, Gegenstände zum Anheben: Mülltonne, großer Stein usw.
Die Schüler sollen versuchen, wie man den schweren Gegenstand am besten hebt (sie verändern die Länge der Hebelarme). Nimmt man für die Last, die gehoben wird, eine bestimmte Masse an, so kann man mithilfe der Hebelgesetze die aufzuwendende Kraft errechnen.

c) Das Gleichgewicht
Das Team: 3 oder mehr Personen.
Materialien: eine Stange (z.B. eine Stelze der Pausenspielgeräte, Besenstiel o.Ä.), Schulranzen als Gewichte.
Wir balancieren mithilfe dieser Stange auf einem kleinen Absatz (diesen gibt es häufig in Pausenhöfen). Weshalb kann man so leichter balancieren?
Wir balancieren oder versuchen einfach, die Stange waagrecht zu halten. Jetzt hängen wir aber an jedes Ende der Stange einen Schulranzen, die sich im Gewicht deutlich unterscheiden (diese eventuell mit einem Klebeband arretieren). Was müssen wir tun, damit beim Balancieren die Stange waagrecht bleibt?
Zusätzlich ist es möglich, die beiden Gewichte sowie die Länge der Hebelarme zu ermitteln und die Hebelgesetze darauf anzuwenden (Material: Waage, Maßstab)

5 Versuch zum Thema „Der freie Fall“
Das Team: die Größe ist variabel, jedoch sollten viele Materialien zur Verfügung stehen.
Materialien: Utensilien aus dem Sport und/oder der Jonglier-AG (Bälle mit verschiedenen Gewichten, Keulen, zerknüllte und nicht zerknüllte Papier-Blätter, eventuell Steine – Vorsicht: Unfallgefahr), Blatt und Stift für den Protokollanten.
Wir verteilen diese Aufgaben: eine Person führt Protokoll, jeweils eine oder mehrere Personen beobachten oder lassen die Gegenstände fallen.
Zur Durchführung des Versuches stellen wir uns auf einen Stuhl (o.Ä.) und lassen die einzelnen Gegenstände aus gleicher Höhe mehrmals fallen. Der Protokollant schreibt die Beobachtungen für die einzelnen Objekte auf und setzt sie in Beziehung zu den folgenden Thesen:
- Die Geschwindigkeit fallender Körper nimmt zu.
- Alle Körper fallen gleich schnell.
- Die Geschwindigkeit fallender Körper ist unabhängig von deren Masse.

Mögliche zusätzliche Versuche: Wurf nach oben. Wir werfen die einzelnen Gegenstände mehrmals hoch. Beobachtungen dazu:
- Welcher Zusammenhang besteht zwischen Abwurfgeschwindigkeit und Höhe?
- Ein schwerer Körper benötigt mehr Impuls, um die gleiche Höhe zu erreichen.

6 Versuche zum Thema „Mechanische Energiespeicher“ (Mittel -und Oberstufe)
a) Elastisch verformte Körper als Energiespeicher
Das Team: 2 Personen.
Materialien: Fitband oder ein anderes Gummiband oder eine Feder (sehr große Federn gibt es in Spielzeugläden).
Ein Schüler setzt sich auf den Tisch, damit dieser nicht wegrutscht. Der andere befestigt ein Ende des Bandes am Tischfuß. Zuerst spannt er das Band nur leicht und lässt es danach los. Je stärker er das Band spannt, umso mehr Energie speichert es. Diesen unterschiedlichen Energiegehalt kann man erkennen an der Geschwindigkeit, mit der sich das Band wieder zusammenzieht.

b) Bewegte Körper als Energiespeicher
Das Team: 3 Personen.
Materialien: Fahrrad, Seil (eventuell aus der Sporthalle ausgeliehen), Maßband oder Lineal.

Wir befestigen das eine Ende eines Seils am Lenker des Fahrrades und ziehen den Schüler mit seinem Fahrrad vorwärts. Dieser sitzt nur auf dem Rad, investiert also keine Arbeit in die Fortbewegung.

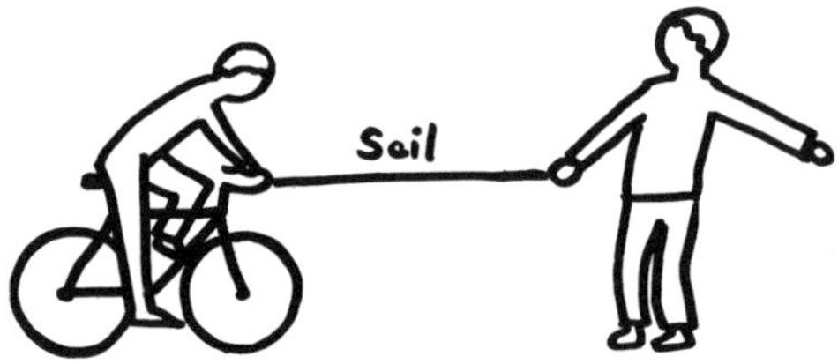

- Woher kommt die Energie für die Fortbewegung? (In dem Seil fließen sowohl Impuls als auch Energie.)
- Gibt es einen Zusammenhang zwischen Energieinhalt und Geschwindigkeit?

Um dies festzustellen, ziehen wir zunächst am Seil, bis das Rad eine gewisse Geschwindigkeit erreicht hat. Danach bremst der Fahrer mit der Handbremse seine Geschwindigkeit ab. Er soll versuchen, immer gleich zu bremsen. Wir führen dies bei verschiedenen Geschwindigkeiten des Rades durch und vergleichen die Bremswege. (Ein bewegter Körper enthält Energie. Je größer die Geschwindigkeit ist, umso größer ist der Energieinhalt, umso länger ist der Bremsweg.)
Zusätzliche Variation (Material: Gummiband): Wir befestigen am Sattel des Rades das eine Ende eines Gummibandes, am anderen Ende halten wir es fest. Wir bleiben stehen, während nun das Fahrrad von einer anderen Person etwa zwei Meter nach vorn gezogen wird.

7 Fantasiereise zum Thema „Unser Sonnensystem“
Siehe dazu Beispiel 3 beim Fach Geografie, S. 156.

8 Diskussionsrunden oder Brainstorming in Verbindung mit Gehen (alle Klassenstufen)
Siehe dazu in diesem Kapitel die Rubrik „Allgemeines“.
Themenbeispiel: Anwendungsbeispiele für Strahlung

Biologie

1 Versuch zum Thema „Unterschiede in der Herzschlagfrequenz zwischen Ruhe und Belastung“

Hinweise/Kommentar: Die Tests können im Rahmen einer Freiarbeit angeboten werden oder gemeinsam im Klassenverband unternommen werden.
Material: eine oder mehrere Uhren mit Sekundenzeiger.
Man kann drei Messsituationen wählen:

- Man ermittelt den Pulsschlag nach einer anstrengenden Lernaufgabe (z.B. nach dem Kopfrechnen).
- Man ermittelt den Pulsschlag nach einer Entspannungsphase von ca. zwei Minuten.
- Man ermittelt den Pulsschlag nach 1–2 Minuten Joggen oder nach einer ähnlich intensiven Belastung. Man könnte mit der Klasse eine größere Strecke laufen, vielleicht eine Rundstrecke auf dem Schulgelände, oder man joggt im Klassenzimmer auf der Stelle.

Man misst den Puls am besten, indem man mit den Fingern einer Hand mit leichtem Druck etwas oberhalb und seitlich des Kehlkopfes auf die Halsschlagader drückt. Es reicht, die Pulsschläge in 15 Sekunden zu zählen und für eine Minute mit vier zu multiplizieren.

2 Versuch zum Thema „Unterschiede in der Atemfrequenz zwischen Ruhe und Belastung“

Die Versuchsbedingungen sind die gleichen wie bei der Messung der Herzschlagfrequenz. Man ermittelt die Atemzüge pro Minute.

3 Schüler als Darsteller zum Thema „Die Wirkung eines Katalysators“

Siehe dazu beim Fach Chemie Nummer 2, S. 154.

4 Entspannungsübung zum Thema „Die Auswirkungen von Entspannungsübungen auf den Körper“

Die Klasse führt gemeinsam ein Entspannungsprogramm durch (siehe Kapitel 4). Die Auswirkungen auf die einzelnen Körperteile werden angesprochen. Dies kann vorher geschehen oder während der Entspannungsübung, z.B. in Verbindung mit einer Fantasiereise. Theorie dazu siehe Kapitel 1, Abschnitt „Bewegungs- und Entspannungsübungen fördern die Lernleistung“. Die Schüler versuchen, die Reaktionen ihres Körpers auf die Übungen wahrzunehmen.

5 Diskussionsrunden oder Brainstorming in Verbindung mit Gehen (alle Klassenstufen)
Siehe dazu in diesem Kapitel die Rubrik „Allgemeines".
Themenbeispiele: Ursachen der Luftverschmutzung, Was stellst du dir unter einer gesunden Ernährung vor?, Chancen und Grenzen der Gentechnologie ...

6 Schüler als Darsteller zum Thema „Abbau der Glucose"
Hinweise/Kommentar: Viele Schüler haben Probleme, bei den komplizierten Prozessen beim Abbau der Glucose den Überblick zu behalten. Die folgende einfache, bildhafte Darstellung beinhaltet das Wesentliche und durch die Art der Präsentation fällt es leicht, sich dies einzuprägen. Außerdem macht es Spaß!
a) Was wird aus den Kohlenstoffatomen?
Das Team: 10 Personen.
Material: keines.
Das Klassenzimmer wird gedanklich in zwei Bereiche aufgeteilt. Der Teil, in dem sich die Schülertische befinden, ist das Cytoplasma – hier findet die Glykolyse statt. Der Bereich um das Pult ist das Mitochondrium, in dem die restlichen Reaktionen ablaufen.

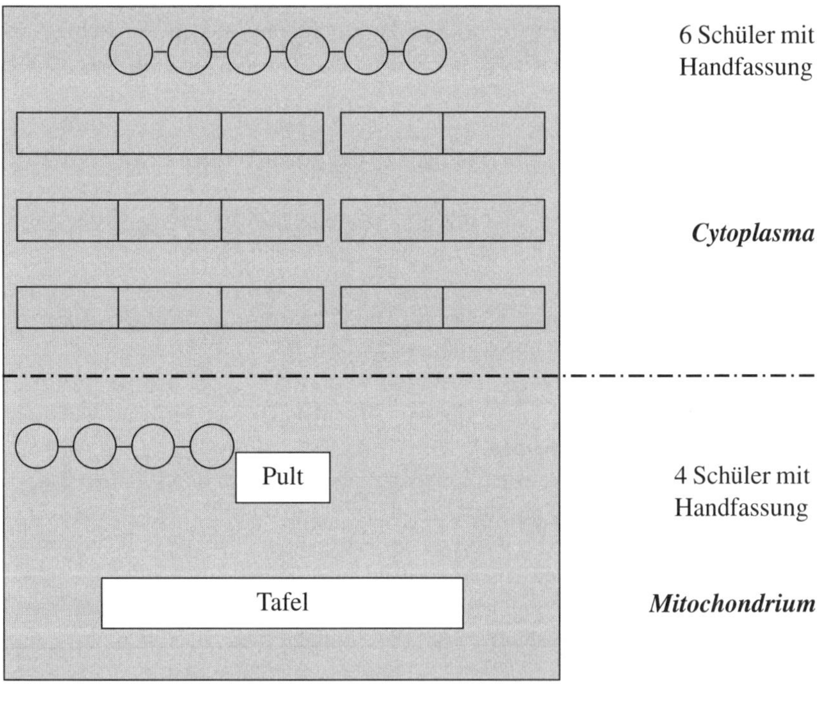

Zu Beginn halten sich sechs Personen an der Hand und stehen an der Wand, die sich gegenüber der Tafel befindet. Sie bilden zusammen ein Glucosemolekül, ein Molekül mit sechs Kohlenstoffatomen ($C_6H_{12}O_6$). Jede Person stellt ein Kohlenstoffatom dar. Beim Pult stehen vier weitere Personen, die später gebraucht werden.
Das Glucosemolekül durchläuft die Glykolyse, das heißt, es geht langsam vorwärts zur Raummitte hin. Die Gruppe wird in der Mitte geteilt. Jetzt halten sich nur noch je drei Personen an der Hand. Der C_3-Körper wird Glycerinaldehyd genannt und in den C_3-Körper Brenztraubensäure umgewandelt. Die beiden Gruppen lassen Glykolyse und Cytoplasma hinter sich und wandern in das Mitochondrium, das heißt sie stehen jetzt vor dem Pult.
Jede Brenztraubensäure gibt ein Kohlenstoffdioxidmolekül ab. Zwei Personen scheiden jetzt aus. Jetzt halten sich je zwei Personen an der Hand. Sie bilden die „aktivierte Essigsäure", einen C_2-Körper. Es stehen jetzt insgesamt vier Personen, also vier C-Atome, vor dem Pult und können nun beim Citronensäurezyklus mitmachen.
Beim Pult stehen vier weitere Personen, die sich an den Händen fassen (diese hatten bisher keine Aufgabe). Diese Gruppe ist ein Molekül im Citronensäurezyklus (= Tricarbonsäurezyklus), die Oxalessigsäure. Dieses Molekül besteht aus vier C-Atomen, jede Person ist also ein Stellvertreter für ein C-Atom. Diese Vierergruppe nimmt zwei Personen auf (diese entsprechen den Kohlenstoffatomen im Acetylrest der „aktivierten Essigsäure") und bildet zusammen mit ihnen die Citronensäure (einen C_6-Körper). Sie gehen in Handfassung um das Pult und geben die beiden gerade aufgenommenen C-Atome bei der Tafel jeweils in Form von CO_2 ab.
Die Oxalessigsäure nimmt den zweiten Acetylrest der „aktivierten Essigsäure" mit in den Zyklus, auch diese beiden C-Atome scheiden jeweils in Form von CO_2 aus.
Am Ende stehen vier Personen an der Tafel, das sind vier C-Atome, die als CO_2 beim Citronensäurezyklus abgegeben wurden. Die Oxalessigsäure bleibt bestehen und kann wieder verwendet werden.
Siehe dazu die Abbildung auf der folgenden Seite.

Zu klären ist noch die Frage, woher die insgesamt 12 Sauerstoffatome kommen, die zusammen mit den Kohlenstoffatomen abgegeben werden.
Dies ist die Lösung: 6 davon sind im Glucosemolekül enthalten, die restlichen 6 stammen aus Wassermolekülen, von denen jeweils 3 in einen Citronensäurezyklus eingeschleust werden.

Tafelanschrieb: Abbau des Kohlenstoffgerüstes der Glucose

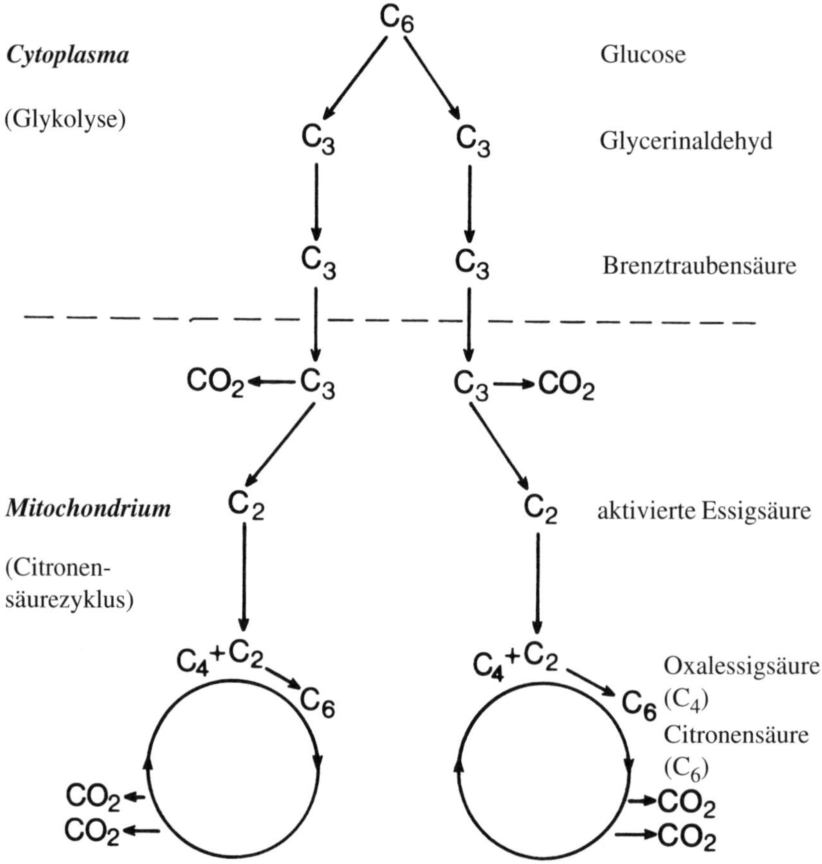

b) An welchen Stationen werden beim Abbau der Glucose Wasserstoffatome abgegeben?

Das Team: 7 Personen.

Materialien: 12 Blätter, auf denen jeweils ein H für ein Wasserstoffatom steht.

Dazu wird der Weg von a) im Klassenzimmer ein zweites Mal beschritten.

Zu Beginn halten sich wieder sechs Personen an der Hand, sie stellen die C-Atome im Glucosemolekül dar. Das Glucosemolekül enthält 12 H-Atome. Folglich erhält die Gruppe 12 Blätter, auf denen jeweils ein H steht, stellvertretend für ein Wasserstoffatom. Es beteiligt sich eine weitere Person, die die Blätter (= H-Atome) einsammelt, die abgegeben werden. Diese erhält sie an den entsprechenden Stationen des Abbauweges.

7 Fantasiereisen

Beispiel 1: *„Das Skelett"* (alle Klassenstufen)

Hinweise/Kommentar:

Diese kurze Fantasiereise kann speziell zum Thema „Skelett" eingesetzt werden oder primär als Entspannungsübung, wobei nebenbei die Bezeichnungen für einzelne Knochen wieder in Erinnerung gerufen werden. Die entspannende Wirkung beruht u.a. auf dem Phänomen, dass sich ein Körperteil entspannt, wenn man sich auf ihn konzentriert. Bei den Punktereihen sollten Sprechpausen (ca. 5–15 Sekunden lang) eingeschoben werden, um dem Zuhörer Zeit zu geben, sich den Inhalt in seiner Fantasie vorzustellen.

„Wir setzen uns bequem hin und schließen die Augen.

Wir machen eine Reise durch unseren Körper. Wir lenken unsere Aufmerksamkeit auf die Fußzehen, wir wandern über die Mittelfußknochen und über die Fußwurzelknochen ... bis zum Schienbein und zum Wadenbein ... wir konzentrieren uns auf die Kniescheibe ... unser Weg geht weiter über die Oberschenkelknochen zum Hüftbein ... wir wandern über die Wirbelsäule, ausgehend vom Steißbein am unteren Ende ... über das Kreuzbein bis zu den frei beweglichen Wirbeln ... wir bewegen uns langsam von Wirbel zu Wirbel ... entlang der Lendenwirbel ... dann entlang der Brustwirbel ... dann entlang der sieben Halswirbel. Wir wandern vor zur Mitte des Kieferknochens und hoch über den Nasenrücken ... und allmählich über die Mitte der Schädeldecke zum Nacken ..."

Anschließend können noch die oberen Extremitäten angesprochen werden: „Wir lenken unsere Aufmerksamkeit auf die Fingerspitzen ... und bewegen uns über die Fingerknochen, Mittelhandknochen und Handwurzelknochen ... wir sind bei Elle und Speiche angelangt ... wir wandern weiter über den Oberarmknochen und über die Schulterblätter bis zum Nacken ..."

Rückführung, z.B.: „Wir öffnen die Augen, krümmen die Fußzehen und die Finger, heben die Schultern und atmen einmal tief durch."

Mögliche zusätzliche positive Aussagen, z.B.: „Wir sind jetzt ruhig und entspannt" oder „Durch diese Entspannungsübung sind wir wieder fit!"

Beispiel 2: *„Wassertransport in einem Baum"* (alle Klassenstufen)

Hinweise/Kommentar:

Mithilfe dieser Fantasiereise erhält der Schüler einen Überblick über den Wassertransport in einem Baum. Werden die Informationen in den Klammern mit verwendet, dann ist die Fantasiereise ausschließlich für höhere Klassenstufen geeignet. Bei den Punktereihen sollten Sprechpausen (ca. 5–15 Sekunden lang) eingeschoben werden, um dem Zuhörer Zeit zu geben, sich den Inhalt in seiner Fantasie vorzustellen.

„Wir setzen uns bequem hin und schließen die Augen.
Wir stellen uns einen großen, ausladenden Baum vor, der völlig allein auf einem weiten Feld steht ... es weht ein leichter Wind, der seine Blätter zart hin und her bewegt ... aus der warmen, feuchten Erde saugt er (über die Wurzelhaare) langsam und genüsslich Wasser und Mineralstoffe auf ... diese lebenswichtige Flüssigkeit zieht allmählich in einem Röhrensystem (dem Xylem) nach oben ... über die dickeren Wurzeln (hier liegt das Röhrensystem im Zentrum) ... über das Holz des Stammes ... in die Äste und dünnen Zweige ... und schließlich über die Blattadern in die Zellen des Blattes ... die Sonne wärmt die Blätter, der Wind bewegt sie vorsichtig hin und her ... (über die Spaltöffnungen) an den Blättern gibt der Baum Wasser an die Atmosphäre ab ... Verschenkt er damit nicht mühsam erworbenes Gut, indem er das Wasser wieder hergibt? Warum tut er das?" (Lösung: Aufbau eines Transpirationssoges)
Rückführung, z.B.: „Wir öffnen die Augen, strecken Arme und Beine aus, um uns wieder zu aktivieren." Eine mögliche zusätzliche positive Aussage, z.B.: „Jetzt sind wir frisch und erholt".

Beispiel 3: *„Erlebnisse eines Blutkörperchens namens Fritz"* (Unter- und Mittelstufe)
Hinweise/Kommentar:
Neben fachlicher Information enthält diese Fantasiereise wiederholt Passagen, die Ruhe und Gelassenheit ausdrücken, die sich auf den Zuhörer übertragen können. Daneben ist Fritz ein Beispiel dafür, dass man sich durch eine entsprechende Lebenseinstellung weniger ärgern muss. Bei den Punktereihen sollten Sprechpausen (ca. 5–15 Sekunden lang) eingeschoben werden, um dem Zuhörer Zeit zu geben, sich den Inhalt in seiner Fantasie vorzustellen.
„Wir setzen uns bequem hin und schließen die Augen.
Mein Name ist Fritz und ich bin ein leuchtend rotes Blutkörperchen. Dass ich in irgend einem Knochen entstanden bin, daran kann ich mich nicht mehr erinnern ... ich bin nämlich schon 100 Tage alt, ein Greisenalter für ein rotes Blutkörperchen ... ich bin jetzt kurz vor der Lunge, da werde ich meinen lästigen Ballast los: das Kohlendioxidmolekül ... hier ist es angenehm kühl, luftig und frisch, ein Paradies für rote Blutkörperchen ... ein wunderbares Geschenk wartet auf mich: mindestens ein Sauerstoffmolekül ... mein Begleiter und ich begeben uns langsam bis ins Herz, zunächst in die linke Vorkammer ... die Segelklappe öffnet sich und wir erleben die bedrängende Enge der Herzkammer ... ich sage mir: Fritz, bleib ruhig und reg dich nicht auf! Keine Panik! ... endlich: Der Blutstrom schaukelt mich angenehm auf und ab und ich genieße es, wie das Gedränge allmählich nachlässt ... es kehrt eine wohltuende Ruhe ein, auch die Geräusche werden zunehmend leiser ... es stört mich auch nicht, wenn eine Menge Abfall um mich her-

umschwimmt – daran habe ich mich einfach gewöhnt ... auch dass es manchmal sehr eng werden kann – darüber ärgere ich mich schon lange nicht mehr ... dann ist mein Wirt wieder gestresst und das Adrenalin hat seine Adern verengt oder er hat mal wieder geraucht ... am schönsten ist es in den Venen, man gleitet ganz langsam dahin, nur bei den Venenklappen schaukelt es etwas stärker ... in den Venen treffen wir uns auch ab und an, verweilen dort ein wenig und genießen die Ruhe ... (längere Pause) ... und machen ein kleines gemütliches Schwätzchen ... und uns zu unterhalten macht uns riesig Spaß."
Rückführung: „Wir öffnen die Augen und atmen mehrmals kräftig, damit Fritz, wenn er gerade in der Lunge ist, wieder Sauerstoff erhält."

8 „Körpersprache", ein Thema in der Verhaltenslehre

Siehe dazu unter der Rubrik „Sprachen allgemein" Beispiel 3, S. 138 f., mit dem Titel „Stimmungen wiedergeben".

9 Aktionen zum Thema „Pflanzen für den Biologieunterricht auf dem Schulgelände"

Eine Möglichkeit ist, dass der Lehrer Pflanzen sammelt und den Schülern mit ins Klassenzimmer bringt. Der Vorteil ist klar – sofort zu Stundenbeginn ist das Material verfügbar. Der Nachteil ist der, dass die Schüler oft nur Teile der Pflanze zu sehen bekommen, auch den Standort sehen sie nicht.

Dies ist die ***zweite Möglichkeit:*** Die Fachkonferenz beschließt, dass eine Reihe der Pflanzen, die für den Biologie-Unterricht benötigt werden, auf dem Schulgelände angepflanzt wird. Dies können einjährige Pflanzen sein, die die Schüler jedes Jahr neu säen, oder mehrjährige Pflanzen. Wird z.B. eine Hecke gepflanzt, so ist es sinnvoll, dass diese aus mehreren Pflanzenarten besteht. Vorteile:

- Pflanzengesellschaften werden deutlich, insbesondere, wenn gezielt Biotope angelegt werden.
- Die Schüler sehen die Pflanzen am Standort, sie sehen Wuchsform und Größe und können das Wachstum verfolgen.
- Die Schüler können selbst das Material sammeln.
- Die Schüler können sich an der Bepflanzung und Pflege der Pflanzen auf dem Schulhof beteiligen. Dies könnte im Rahmen einer Garten-AG oder durch einzelne Aktionen von Klassen erfolgen, wobei die Unterweisung durch einen städtischen Gärtner denkbar wäre, der auch das Arbeitsmaterial mitbringt.
- Die Schüler lernen den Namen für eine Pflanze in Verbindung mit dem Standort, sie können Aussehen und Bezeichnung miteinander verbinden.

Eine weitere Möglichkeit ist der Schulgarten. Auf einer Parzelle werden gezielt bestimmte Pflanzen für den Biologieunterricht angebaut.

Chemie

1 Diskussionsrunden oder Brainstorming in Verbindung mit Gehen (alle Klassenstufen)
Siehe dazu in diesem Kapitel die Rubrik „Allgemeines“.
Themenbeispiele: die Bedeutung des Wassers auf der Erde, Verwendungsmöglichkeiten für Metalle ...

2 Schüler als Darsteller beim Thema „ Die Wirkung eines Katalysators“
a) Der Katalysator erniedrigt die Aktivierungsenergie und ermöglicht so eine Verbindung von Teilchen
Das Team: 4 Personen.
Materialien: 2 Fitbänder, etwa 1m lang oder länger, oder 2 Seile (eventuell aus der Sporthalle).
Zwei Schüler stehen mehr als einen Meter auseinander und lassen ihre Arme hängen. Jedem wird um die Arme und den Rumpf von einem der Helfer ein Fitband gebunden. Die „gefesselten“ Schüler versuchen nun, sich die Hand zu geben, also eine Verbindung einzugehen. Es gelingt ihnen nicht, die Aktivierungsenergie reicht nicht aus! Die zwei Helfer schieben die Bänder so weit hoch, dass die Kraft der Schüler ausreicht, sich die Hand zu geben. Die Helfer, die Katalysatoren, gehen unverändert aus der Reaktion hervor und sind sofort wieder einsetzbar.

b) Der Katalysator erniedrigt die Aktivierungsenergie und ermöglicht so die Aufspaltung von Teilchen
Das Team: 4 Personen.
Materialien: 2 Fitbänder oder 2 Seile (s.o.).
Der Versuch verläuft ähnlich wie der unter a) beschriebene. Die zwei Helfer binden mit einem Fitband je einen Arm der beiden anderen Schüler zusammen (nicht zu fest). Die Schüler versuchen, alle ihnen zur Verfügung stehende Energie zu aktivieren, um sich voneinander zu trennen. Es gelingt ihnen nicht! Sie sind ein stabiles Molekül! Die zwei Helfer befreien sie von ihren Fesseln. Jetzt reicht ihre Energie aus, sich voneinander zu trennen.
Zusätzlich kann die Wechselzahl ermittelt werden. Dies ist die Anzahl der in einer Minute umgesetzten Substratmoleküle. Bei einer spielerischen Erfassung der Wechselzahl kann ermittelt werden, wie viele Paare sich mithilfe der Helfer in einer Minute trennen lassen.

Geografie

1 Diskussionsrunden oder Brainstorming in Verbindung mit Gehen (alle Klassenstufen)
Siehe dazu in diesem Kapitel die Rubrik „Allgemeines“.
Themenbeispiel: die Ursachen der Armut bei Entwicklungsländern ...

2 Fantasiereisen
Beispiel 1: *„Sahara“* (alle Klassenstufen)
Hinweise/Kommentar:
Diese Wüstenlandschaften werden durchwandert und können anschließend erfragt werden: die Gebirgswüste (= Hamada), ein Trockental (= Wadi), die Salzwüste und die Sandwüste (= Erg). Es wird eine Fata Morgana beschrieben, und zwar eine Spiegelung des blauen Himmels an der Oberfläche stehender, erhitzter Luftschichten. Die Sinneswahrnehmungen wurden bewusst eingebaut, denn durch sie ist es leichter, sich ein Fantasiebild aufzubauen. Bei den Punktereihen sollten Sprechpausen (ca. 5–15 Sekunden lang) eingeschoben werden, um dem Zuhörer Zeit zu geben, sich den Inhalt in seiner Fantasie vorzustellen.
„Kein Windhauch, kein Laut, die Sahara erwacht ... du wanderst durch eine steinige, gebirgige Landschaft, danach durch ein steilwandiges Trockental ... Stille umgibt dich ... du erreichst eine weite Ebene. Sie sieht aus wie von Schnee bedeckt, ihre Steine sind aber mit einem zarten, weißen Belag überzogen ... es wird heiß ... in der Ferne siehst du eine Wasserfläche, es könnte der (Atlantische) Ozean sein ... du stellst dir das Rauschen der Wellen vor ... den salzigen Geschmack im Mund ... den angenehmen warmen Wüstenwind am Meer ... (lange Pause) ... Dattelpalmen, die ihre Wedel im Wind wiegen ... du gehst weiter, deine Schuhe sinken ein im weichen Sand ... die Wasserfläche am Horizont verschwindet wieder ... erst viel später erreichst du das Meer.“
Rückführung: „Du stellst dir vor, wie angenehm frisch jetzt ein Bad im Meer ist, du öffnest die Augen, machst zur Aktivierung den Rücken gerade und du bist – na wo denn? Im Klassenzimmer!“

Beispiel 2: *„Tropischer Regenwald“* (alle Klassenstufen)
Hinweise/Kommentar:
Diese Fantasiereise behandelt hauptsächlich die klimatischen Bedingungen, die nachmittags im tropischen Regenwald vorherrschen. Als weitere Schwerpunkte werden angenehme Sinneseindrücke beschrieben sowie auf Ruhe und Gelassenheit hingewiesen – beide haben positive Auswirkungen auf die Psyche. Bei den Punktereihen sollten Sprechpausen (ca. 5–15 Sekunden lang) eingeschoben werden, um dem Zuhörer Zeit zu geben, sich den Inhalt in seiner Fantasie vorzustellen.

„Du befindest dich im tropischen Regenwald. Du liegst bequem am Boden, über dir das Blätterdach, es ist gemütlich, keiner stört dich, keiner erwartet etwas von dir ... (längere Pause) ... die Sonne blinzelt durch die Bäume ... es ist Mittagspause, nichts ist zu tun ... es ist heiß ... (längere Pause) ... die Luft ist feucht, kein Luftzug ist zu spüren ... kein Laut ist zu hören, auch die Tiere ruhen ... (längere Pause) ... langsam ziehen vereinzelt weiße Wolken am strahlend blauen Himmel entlang ... sie türmen sich auf zu Quellwolken ... klopfende Geräusche sind zu hören, erst vereinzelt, dann in schneller Folge ... grelle Blitze, grollender Donner ... dann wieder Ruhe ... (längere Pause) ... Wassertropfen fallen auf dein Gesicht und kühlen angenehm ... auf der Stirn ... auf den Wangen ... der Regen hört auf, Wasserdampf steigt langsam hoch ... bezaubernder Duft erfüllt die Umgebung ... Vögel zwitschern, Insekten brummen ... der Regenwald erwacht."
Rückführung: „Auch für uns ist die Ruhepause zu Ende. Wir öffnen die Augen und räkeln uns."

***Beispiel 3:** „Unser Sonnensystem"* (alle Klassenstufen)
Hinweise/Kommentar:
Neben einigen einfachen fachlichen Informationen enthält diese Fantasiereise wiederholt Passagen, die Ruhe beschreiben, welche sich neben einer allgemeinen Entspannung auf den Zuhörer übertragen kann. Bei den Punktereihen sollten Sprechpausen eingehalten werden (ca. 5–15 Sekunden lang).
„Wir setzen uns bequem hin und schließen die Augen.
Wir machen eine Reise durch unser Sonnensystem. Wir sitzen in einer Rakete und heben allmählich von der Erde ab ... wir schweben in der Schwerelosigkeit ... es ist ruhig im Weltall, um uns ist Stille ... wir atmen mehrmals tief durch und wir genießen die Aussicht ... wir blicken in Richtung eines großen leuchtenden Sternes, es ist die Sonne ... die Energie ihrer Strahlen wärmt uns angenehm ... wir entdecken den Planeten Venus und noch näher bei der Sonne den Merkur ... auf ihm muss es sehr heiß sein, heißer als auf der Erde ... wir entfernen uns jetzt von der Sonne, es wird immer kälter ... und nähern uns den äußeren Planeten ... je weiter wir uns von der Sonne entfernen, umso langsamer bewegen sich diese Planeten auf ihrer Umlaufbahn ... um die Planeten herum kreisen kleinere Kugeln, die Monde, die man auch als Trabanten bezeichnet ... wir erkennen bizarre Formen an der Oberfläche der Himmelskörper: schroffe Felsen, Vulkankrater, breite Mulden, Steinberge ... die der Sonne abgewandte Seite ist dunkel, überall kein Anzeichen von Leben, keine Bewegung, Ruhe überall ... wir schweben langsam zur Erde zurück, unser Raumschiff schaukelt beim Eintritt in die Erdatmosphäre ... wir landen sicher – auf unserem Stuhl!"
Rückführung z.B.: „Wir strecken unsere Arme hoch und überlassen sie dann der Erdanziehung."

Geschichte und Gemeinschaftskunde

1 Diskussionsrunden oder Brainstorming in Verbindung mit Gehen (alle Klassenstufen)
Siehe dazu in diesem Kapitel die Rubrik „Allgemeines", S. 135.
Themenbeispiel: die Vor- und Nachteile des Parteiensystems ...

2 Fantasiereisen
Es können z.B. Berichte über das Alltagsleben in den einzelnen Epochen in eine Fantasiereise integriert werden.
Beispiel: *„Das neue Mönchtum in der Stauferzeit"*
Hinweise/Kommentar: Die Zisterzienser sind ein benediktinischer Reformorden, der 1098 in Burgund gegründet wurde. Bei den Punktereihen sollten Sprechpausen eingehalten werden (5–15 Sekunden lang), damit der Zuhörer Zeit hat, sich den Inhalt in seiner Fantasie vorzustellen.
„Wir setzen uns bequem hin und schließen unsere Augen.
Graf Bernhard von Fontaine (1091–1153), der zum Mönchtum überwechselte und der später den Titel ‚heiliger Bernhard' erhielt, hat den neu gegründeten Orden der Zisterzienser geprägt. Der Orden wendet sich ab vom damals üblichen reichen Mönchtum und besinnt sich auf das einfache, asketische Leben eines Mönches zurück. Die Klöster dieser Mönche mit weißen Kutten werden in einsamen, abgelegenen, ruhigen Tälern angesiedelt ... stell dir vor: um zwei Uhr morgens, es ist noch dunkel, geht ein Mönch mit einer Glocke durch das Dormitorium, den Schlafbereich, und weckt die Mönche ... schweigend begeben sie sich in die Kirche ... die Kirche ist schmucklos, ungeheizt, finster, nur ein paar Kerzen brennen ... ausgedehnte Chorgebete folgen ... allmählich dringen die ersten Sonnenstrahlen durch die Kirchenfenster ... nickt ein Mönch bei dieser Mette ein, so folgt eine Bestrafung ... allgemein ist es verboten zu reden, man verständigt sich mit Handzeichen ... speziell nur im Parlatorium, einem besonderen Raum, ist es erlaubt, für kurze Zeit miteinander zu reden ... nur Anweisungen dürfen allgemein laut gegeben werden, die Stille beherrscht das Leben eines Mönches ... dann das Essen: Die Mönche gehen schweigend in den Speisesaal ... ein Mönch liest während des kargen, einfachen Mahls aus den Schriften vor ... viel Gemüse steht auf dem Speiseplan, das Fleisch vierfüßiger Tiere darf nicht gegessen werden ... ... der Tag ist unter anderem geprägt vom Gebot der Handarbeit: Fischteiche anlegen und angeln ... Obst, Gemüse und Heilkräuter anbauen und Bienen züchten ... am Abend werden ausgedehnte Lesungen gehalten ... es folgt das letzte Gebet, das Komplet, das Chorgebet in der Kirche".
Die Rückführung könnte lauten: „Wir öffnen die Augen, heben unsere Hände und bewegen zur Aktivierung unsere Finger".

Bildende Kunst

1 Diskussionsrunden oder Brainstorming in Verbindung mit Gehen (alle Klassenstufen)
Siehe dazu in diesem Kapitel die Rubrik „Allgemeines“.
Themenbeispiel: Beispiele für Kunst im Alltag ...

2 Das Zeichnen von Mandalas (Unterstufe)
Hinweise/Kommentar:
In der Sprache des alten Schrifttums der Inder, dem Sanskrit, bedeutet „Mandala“ Kreis. Mandalas stammen aus dem tantrischen Buddhismus, Mandalas zu betrachten dient dort als Hilfe zur Meditation. Es sind geometrische Formen mit einem Zentrum in der Mitte und mit mindestens einer, meist jedoch sehr vielen Symmetrieachsen. Ähnliche Formen findet man oft in Kirchenfenstern mittelalterlicher Kirchen, im Bodenlabyrinth gotischer Kirchen oder im täglichen Leben, in der Gestalt von Zahnrädern, Blütenformen oder Schneekristallen.
Beispiele für Mandalas:

Mandalas können mit verschiedenen Materialien koloriert werden und in verschiedene Unterlagen eingearbeitet sein.

3 Vorbereitende Zeichenübungen (Unter- und Mittelstufe)
Hinweise/Kommentar:
Gehören bestimmte Formen, z.B. Kreise, zum Thema, so kann man diese einerseits auf einem Konzeptblatt üben. Man kann aber auch, ohne zu schreiben, mithilfe reiner Bewegungsübungen das Bewegungsprogramm für das Zeichnen dieser Formen trainieren.
Man stellt sich vor, mit den Fingerspitzen zu „zeichnen“. Man macht die entsprechenden Bewegungen, z.B. Kreise, auf dem Tisch oder auf einer senkrech-

ten Ebene vor dem Körper (*Variationen:* verschieden große Kreise, ausgeführt mit unterschiedlichen Geschwindigkeiten). Siehe dazu auch Kapitel 4, „Bewegungen aus dem Sportbereich“, Übung 3, S. 77 ff.

4 Meditative Betrachtungen (Oberstufe)
Die Schüler setzen sich bequem hin und betrachten das Kunstwerk für einige Minuten, ohne dabei zu reden. Die Lehrkraft kann vor der Betrachtung auf einzelne Details oder Merkmale aufmerksam machen.

Musik

1 Diskussionsrunden oder Brainstorming in Verbindung mit Gehen (alle Klassenstufen)
Siehe dazu in diesem Kapitel die Rubrik „Allgemeines“.
Themenbeispiele: Ursachen des Starkultes, Wirkungen von Musik auf das Individuum ...

2 Alltagsgegenstände werden zum Musizieren verwendet (alle Klassenstufen)
Dadurch ist es möglich, dass sich jeder Schüler der Klasse beteiligen kann. Die erzeugten Geräusche allein ergeben das Musikstück oder, was einfacher ist, man macht Geräusche zusätzlich zu einer vorgespielten Musik.
So könnten Töne erzeugt werden: Ein gefülltes „Faulenzer“-Mäppchen schütteln, Stifte oder Bücher gegeneinander schlagen oder auf den Tisch schlagen, pfeifen, mit der Zunge schnalzen, aufgeblasene Papiertüten zerschlagen, einen Schlüsselbund schütteln, über den Hals einer leeren oder teilweise leeren Flasche blasen (je nachdem, welche Tonhöhe erzeugt werden soll – je höher der Wasserstand, desto höher der Ton), einen Kamm an der Tischkante auf und ab bewegen, eine mit Metallteilen gefüllte Cremedose schütteln, eine mit einigen Tischtennisbällen gefüllte Schachtel schütteln (je größer die Schachtel, desto tiefer der Ton) usw.

3 Singen und sich dabei bewegen (Unterstufe, in Ausnahmefällen auch für die Mittel- und Oberstufe geeignet)
Hierzu gibt es diverse Singspiele in den Lehrbüchern.

4 Body-Percussion (alle Klassenstufen)
Siehe dazu Kapitel 4, „1. Übungen zur Mobilisierung“, Übung 11, S. 92.

Informatik

1 Diskussionsrunden oder Brainstorming in Verbindung mit Gehen (alle Klassenstufen)
Siehe dazu in diesem Kapitel die Rubrik „Allgemeines“.
Themenbeispiel: Welche Computerausrüstung ist heutzutage sinnvoll? ...

2 Schüler als Darsteller zum Thema „Einführung ins Internet“
a) „Die Vernetzung der Computer“
Das Team: 5 Personen oder mehr.
Material: ein Handtuch oder ein Kittel oder ein Pullover.
Die Schüler stehen im Kreis und halten sich an der Hand. Jede Person stellt einen Computer dar, der über ein bestimmtes Wissen, die Daten, verfügt. Die Gruppe stellt ein Netzwerk von Computern dar, das Internet. Eine Person (= ein Computer) könnte auch in einem anderen Teil der Welt stehen. Verbunden sind die Computer über Telefonleitungen, die rund um die Erde verlaufen. Diese Telefonleitungen befinden sich gedanklich zwischen den Händen der Personen. Die Informationsübertragung der Computer über die Telefonleitungen nennt man Telekommunikation. Von einem Computer aus gelangt man über den Provider ins Internet. Dies ist ein zentraler Computer, der an das Internet angeschlossen ist. Für seine Dienste verlangt dieser Provider einen bestimmten Betrag (handelsübliche Provider können genannt werden). Wie können wir die Gruppe verändern, damit

- der Provider deutlich wird? Eine Person wird zum Provider ernannt. Er wird optisch gekennzeichnet, indem wir ihm ein Kleidungsstück über die Schulter hängen.
- gezeigt wird, dass das Internet ein dezentrales, nicht geschlossenes Netz ist?
- dargestellt wird, dass Daten auf unterschiedlichen Wegen, auch auf Umwegen, zu einem Computer gelangen?

Skizzen dazu:

Abb. A: Das Team zu Beginn

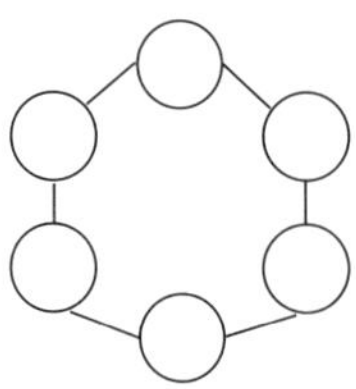

Abb. B: Eine mögliche Lösung

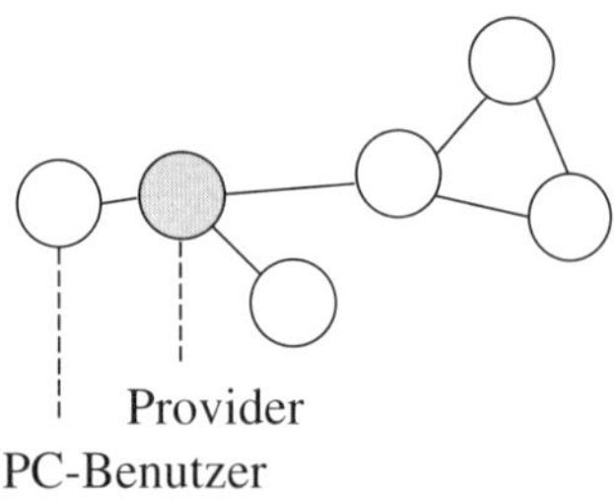

b) „Das Modem"

Das Team: 5 Personen oder mehr.

Material: ein Buch.

Die Gruppe hält sich an den Händen und stellt sich auf wie bei Abbildung B links unten. Jede Person repräsentiert einen Computer im Internet, zwischen den Händen liegen gedanklich die Telefonleitungen.

Unser Modem ist ein kleiner Kasten zwischen unserem Computer und der Telefonleitung. Ein Schüler am Anfang der Kette stellt den Benutzer dar. Er fügt zwischen seine Hand und die Hand des Providers ein Buch, das das Modem darstellt. Das Modem kann Folgendes: Es wandelt die elektrischen Computersignale in Pfeiftöne um, wenn wir Informationen abschicken. Das Modem wandelt Töne wieder in Computersignale um, wenn Information ankommt. Daher auch der Name: *Mo* steht für ***Mo***dulator und *dem* für ***Dem***odulator. Der Benutzer will eine Information übermitteln und drückt dazu mit der Hand gegen das Buch. Der Provider erhält die Information und drückt jedem weiteren angeschlossenen Computer die Hand. Halt! Die Information ist aber sicherlich nur für eine Person gedacht. Was ist zu tun? Wir müssen eine Adresse angeben, bei der die Information ankommen soll!

c) „Die E-Mail"

Das Team: 5 Personen oder mehr.

Materialien: Blätter, Stifte, zwei Tische, pro Schüler ein Buch, in dem sein Name steht.

Zwei Personen des Teams stellen je einen Provider dar, der auch einen handelsüblichen Namen erhält. Die anderen sind Benutzer, sie suchen sich jeweils einen Provider aus. Die Provider suchen sich die Bücher mit den Namen ihrer angeschlossenen Mitglieder und benutzen diese als Briefkasten. Jeder PC-Benutzer wählt für sich eine Internet-Adresse. Jeder Schüler kann nun einem Mitglied seines Teams eine Nachricht auf ein Blatt Papier schreiben. Er notiert die Adresse und die Nachricht. Den Schreibstift kann man sich als Tastatur vorstellen, die Zeichen auf dem Blatt als das, was auf dem Bildschirm erscheint. Die Information wird noch in Töne umgewandelt, was wir hier nicht darstellen. Jeder gibt seine Mitteilung an seinen Provider ab, der sie gleich in das Postfach (= das Buch) des Adressaten legt, wenn dieser zu ihm gehört. Ist der Adressat nicht bei ihm, gibt er die E-Mail an den anderen Provider ab. Von Zeit zu Zeit kann sich jeder an seinen Provider wenden und ihn bitten, die gesammelte Post abzugeben. Der Provider nimmt die Blätter aus dem Buch und gibt sie dem Benutzer.

3 Schüler als Darsteller zum Thema „Ordnen von Daten“
Das Team: 5 Personen.
Material: keines.
Diese Übung eignet sich zur Wiederholung von Arbeitsweisen beim Ordnen von Daten mithilfe des Computers. Hier ein Beispiel mit dem Programm Works.
Die Teilnehmer stehen beieinander. Jeweils eine Person des Teams hat die Aufgabe, Daten nach einem bestimmten Prinzip zu ordnen, die anderen Mitglieder sind Stellvertreter für die Daten. Die Personen sollen z.B. nach dem Vornamen geordnet werden. Wir gehen davon aus, dass die Namen zuvor in eine Tabelle eingegeben wurden. Der PC-Benutzer erteilt folgende Anweisungen:

- in der Menüleiste „Datensatz“ anklicken,
- im neuen Fenster „Datensätze sortieren ...“ anklicken,
- im neuen Fenster unter „Sortieren nach“ bei den Richtungspfeilen „Name“ einstellen,
- „OK“ anklicken.

Daraufhin stellen sich die Personen hintereinander nach dem Alphabet auf, aber nur, wenn der PC-Benutzer die richtigen Anweisungen gegeben hat.

Religion

1 Diskussionsrunden oder Brainstorming in Verbindung mit Gehen (alle Klassenstufen)
Siehe dazu in diesem Kapitel die Rubrik „Allgemeines“.
Themenbeispiele: Evolutionstheorie und Schöpfungsgeschichte – ein Widerspruch?, meine Meinung zum medizinisch-technischen Umgang mit Leben und Sterben ...

2 Zeichnen von Mandalas (Unterstufe)
Beispiele dazu sind beim Fach Bildende Kunst, S. 158, zu finden.

3 Meditative Betrachtungen (alle Klassenstufen)
Die Schüler und Schülerinnen setzen sich bequem hin und betrachten für mehrere Minuten, ohne zu reden, Bilder (z.B. Mandalas, Heiligenbilder) oder Gegenstände oder Symbole (z.B. das Kreuz, eine brennende Kerze).
Nicht gegenständliche Meditationsformen sind auch in Kapitel 4 im Abschnitt „3. Übungen zum Entspannen“, S. 103 ff., enthalten.

4 Beten (alle Klassenstufen)
Erfahrungsgemäß hilft Beten bei negativen Stimmungen, wenn der Betende eine entsprechende innere Einstellung dazu hat. Die Schüler stehen oder sitzen und nehmen eine Handhaltung ein entsprechend den Gepflogenheiten ihrer Konfession. Zusätzlich können sie noch den Kopf senken und/oder die Augen schließen.

5 Geschichten aus der Bibel als Fantasiereise (alle Klassenstufen)
Beispiel: die Schöpfungsgeschichte

Sport

Im Sport haben Entspannungsübungen eine lange Tradition, dennoch sind sie bei vielen Fachkollegen wenig bekannt. Sie leisten einen wertvollen Beitrag
- zur emotionalen Intelligenz (siehe dazu auch Kapitel 1),
- zur Förderung von sozialen Kontakten,
- als Erholungs-, Aufbau- und Entspannungsphase nach anstrengenden Unterrichtseinheiten,
- als vertrauensbildende Maßnahme. Die Schüler machen die Erfahrung, dass sie sich auf ihren Partner verlassen können. Dies kann u.a. hilfreich sein in Bezug auf die Hilfestellung.

Als Übungen empfehle ich aus Kapitel 4 die Bewegungsspiele sowie die Übungen zum Entspannen. Vielfach können Geräte eingesetzt werden. Zum Beispiel steigen Schüler mit geschlossenen Augen über einen kleinen Kasten und werden dabei von einem Partner an den Händen geführt oder ihr Partner schlingt ein Seil um ihre Hüfte und steuert die Gehrichtung, indem er an einer Seite des Seiles zieht.

Kapitel 6:
Eine Schule kommt in Bewegung

Mögliche Maßnahmen einer innovativen Schule zur Förderung von Bewegung und Gesundheit

Unsere schulinterne Organisation der täglichen Bewegungszeit:
Am Gymnasium in Bretten, an dem ich als Lehrerin tätig bin, haben wir zur Organisation die folgende Regelung vereinbart, die sich im Verlauf von mehreren Schuljahren bewährt hat. Für die Unterstufe wird für jedes Schuljahr eingeteilt, welcher Lehrer sich wann und in welcher Klasse an dem Programm „tägliche Bewegungszeit" beteiligt.

Selbstverständlich werden die Kollegen zuvor nach ihren Wünschen gefragt und es wird darauf geachtet, dass in der Regel jede Lehrkraft nur einen dieser festen Termine in der Woche hat.

Täglich führt eine Lehrkraft eine Einheit zur täglichen Bewegungszeit durch, außer an den Tagen mit Sportunterricht. Ganz bewusst werden Lehrkräfte gewählt, die eine Doppelstunde in der Klasse unterrichten, sowie Lehrer der 5. und 6. Stunde. Die tägliche Bewegungszeit kann als isolierte Bewegungs- und Entspannungseinheit gestaltet sein (Kapitel 4) oder die Elemente können mit dem Unterrichtsstoff verknüpft werden (Kapitel 5).
Außerhalb dieser festen Einteilung können die Lehrkräfte natürlich auch in allen Klassenstufen Elemente der täglichen Bewegungszeit einsetzen.
Um die Kenntnisse zu erweitern und Erfahrungen auszutauschen finden in regelmäßigen Abständen schulinterne Fortbildungen statt. **Bewegungspausen bei Lehrerkonferenzen sind zu einer festen Einrichtung geworden, neue und altbekannte Elemente zur täglichen Bewegungszeit sowie Hintergrundinformationen sind Bestandteil dieser Pausen.**
Beim gemeinsamen ersten Elternabend für die fünften Klassen wird zusammen mit den Eltern eine Einheit zur täglichen Bewegungszeit durchgeführt, verbunden mit einer theoretischen Einführung. Ein Videoband, erstellt von der Video-AG, kann an weiteren Elternabenden vorgeführt werden, um den Eltern die verschiedenen Facetten der täglichen Bewegungszeit zu zeigen.

Weitere Bestandteile unseres Schulprojektes sind:
- Pausenspielgeräte, die teilweise auch im Schulhaus benutzt werden dürfen,
- für den Sportunterricht Fitbälle im Klassensatz zur Rückenschule (und vielen anderen Übungen und Spielen),
- Arbeitsblätter zur Freiarbeit im Sportunterricht zum Thema Rückenschule,
- u.a. einzelne Sitzbälle als Stuhlersatz für Schüler mit Rückenbeschwerden, in Absprache mit dem Therapeuten (mehrere Sitzbälle im Klassenzimmer haben sich aus verschiedenen Gründen nicht bewährt),
- eine Elternberatung zum Thema „Gesunde Ernährung“durch die Biologielehrer in den 5. Klassen,
- eine Lehrer-Arbeitsgemeinschaft zum Thema „Das Klima in unserer Schule“, Schwerpunkte sind die Optimierung des Raumklimas (Licht-, Sauerstoff- und Temperaturverhältnisse) sowie das allgemeine Klima in der Schule, wobei ein Sich-wohl-fühlen angestrebt wird,
- variables Sitzen.

Zum variablen Sitzen: Experten propagieren wechselnde Sitzhaltungen, um den Rücken zu entlasten. Daher sollen die Schüler nicht permanent gerade sitzen, sondern es soll ihnen erlaubt sein, ihre Sitzposition zu variieren. Bei variablem Sitzen ist die Toleranz der Lehrer gefordert, denn dieses könnte auch als „Herumlümmeln“ verstanden werden. Die größte Belastung für die Bandscheiben liegt bei aufrechtem Sitzen vor. Vorteilhaft dagegen ist z.B. ein Sitzen, bei dem man mit dem Gesäß nach vorn rutscht und sich mit den Schulterblättern auf der Oberkante der Stuhllehne aufstützt. Durch diese Sitzhaltung erzielt man eine Druckminderung in den Bandscheiben (L4/L5) von fast 50 Prozent im Vergleich zum geraden Sitzen oder zum Stehen. Entgegen früheren Annahmen ist die Druckbelastung für die Bandscheiben im Stehen etwa mit der im Sitzen gleichzusetzen. Dieser Vergleich gilt jedoch nur, wenn man bequemes Sitzen betrachtet; bei starker Vorneigung des Oberkörpers, wie es beim Schreiben an zu niedrigen Schülertischen der Fall ist, steigt die Druckbelastung in den Bandscheiben deutlich (vgl. Der Spiegel 33/1998, 144 f.).

Ein Maßnahmenkatalog

Auf einen Blick: Welche Maßnahmen könnte eine innovative Schule treffen, um Bewegung und Gesundheit zu fördern?

Bewegung	Gesundheit
tägliche Bewegungszeit	variables Sitzen
Pausenhof mit Sporteinrichtungen	Ernährungsberatung für Eltern
Pausenspielgeräte	kein Verkauf von Süßigkeiten an der Schule
schulinterne Fortbildungen und Beratungen zum Thema bewegungsfreundliche Schule	Lehrerkonferenzen mit Bewegungspausen
bewegungsintensive Lernformen	Fehlernährung als Unterrichtsthema
Fitbänder und Igelbälle für die tägliche Bewegungszeit	Arbeitsblätter zur Rückenschule im Sportunterricht
Gehstrecke zwischen Bushaltestelle und Schule	größengerechte Schulhausbauten (Türgrößen usw.)
bewegungsbetonte Arbeitsgemeinschaften	Sitzbälle im Sportunterricht
Landschulheimaufenthalte mit Sportprogramm	höhenverstellbare Schulmöbel
Jugend trainiert für Olympia	Sitzbälle, Keilkissen und Pultaufsätze im Klassenraum
Kooperation Schule – Sportverein	Gewichtskontrolle von Schulränzen (Klasse 5)
Exkursionen	Schulprogramme zum Thema Gesundheit im Rahmen einer Profilierung der Schule
Arbeitsgemeinschaft „Lernen lernen“	

Mehr Bewegung in den Schulalltag zu bringen erfordert Umdenkungsprozesse vonseiten der Schulleitungen und der Kollegien. Betrachtet man die positiven Auswirkungen von Bewegung und Entspannung für das Lernen und für das Wohlbefinden unserer Schüler, so sollte die Konsequenz davon sein, dass Bewegung und Entspannung ein fester Platz im Schulalltag eingeräumt wird. Keinesfalls sollte die tägliche Bewegungszeit als Ersatz für eine Sportstunde angesehen werden, da die Bewegungsintensität und die Bewegungsdauer bei weitem nicht mit den Anforderungen einer Sportstunde gleichzusetzen sind. Vielmehr wäre zu bedenken, dem Sport zusätzlich einen größeren Raum in der Schule zu gewähren, als dies bisher der Fall ist.

Literaturverzeichnis

Birkenbihl, Vera: Stroh im Kopf? Gebrauchsanleitung fürs Gehirn, Landsberg am Lech, 32. Aufl., 1997

Bröhm-Offermann, Birgit: Suggestopädie. Sanftes Lernen in der Schule. Lichtenau/ Göttingen, 3. Aufl., 1994

Buzan, Tony: Kopftraining, München 1986

Carnegie, Dale: Sorge dich nicht – lebe! Bern/München/Wien, 79. Aufl., 1997

Csikszentmihalyi, M.: Das Flow-Erlebnis. Jenseits von Angst und Langeweile im Tun aufgehen, Stuttgart 1985

Dennison, Paul E./Dennison, Gail E.: Brain-Gym-Lehrerhandbuch, Freiburg im Breisgau, 7. Aufl., 1995

Der Spiegel: Ehrfurcht vor der Natur. In: Der Spiegel, 33, Hamburg 1998

Diamond, Neil: Die heilende Kraft der Emotionen, Freiburg im Breisgau, 1987

Ebner-Metzger, Claudia: Hirn und Hormone. Glück ist, wenn die Chemie stimmt. In: Bild der Wissenschaft, 3, Stuttgart 1999

Eibl-Eibesfeld, Irenäus: Grundriß der vergleichenden Verhaltensforschung, München 1967

Ernst, Heiko: Gute Laune, schlechte Laune. Das Geheimnis unserer Stimmungen. In: Psychologie heute, 8, Weinheim 1996

Gardner, Howard: Abschied vom IQ. Die Rahmentheorie der vielfachen Intelligenzen, Stuttgart 1994

Geiger, Gisela: NLP – erfolgreiches Konfliktmanagement, München 1996

Gerbert, Frank: Die geheime Macht der Musik. In: Focus, 32, München 1998

Goleman, Daniel: Emotionale Intelligenz, München/Wien 1995

Grinder, Michael: NLP für Lehrer: ein praxisorientiertes Arbeitsbuch, Freiburg im Breisgau, 4. Aufl., 1995

Hackl, Monika: Qi Gong für jeden Tag. Ein praktisches Übungsbuch, Frankfurt am Main/Berlin 1996

Hannaford, Carla: Bewegung - das Tor zum Lernen, Freiburg im Breisgau, 2. Aufl., 1997

Heinze, Roderich/Vohmann-Heinze, Sabine: NLP – mehr Wohlbefinden und Gesundheit, München 1996

Hellbrück, Jürgen: Unschädlicher Schall: Mozart statt Motoren. In: Focus, 23, München 1997

Hollmann, W./Strüder, H. K.: Gehirn und muskuläre Arbeit. In: Bartmus, U./Heck, H./Mester, J./Schumann, H./Tidow, G.: Aspekte der Sinnes- und Neurophysiologie im Sport, Köln 1996

Huber, Andreas: Streß-Management. Auf der Suche nach einer neuen Entspannungs-Kultur. In: Psychologie heute, 10, Weinheim 1995

Hüholdt, Jürgen: Wunderland des Lernens. Lernbiologie, Lernmethodik, Lerntechnik, Bochum, 8. Aufl., 1993

Jasper, Bettina: Brainfitness. Denken und Bewegen, Aachen 1998

Kerber, Bärbel: Läßt sich Glücklichsein erlernen? Ein ungewöhnliches Experiment macht Hoffnung. In: Psychologie heute, 3, Weinheim 1997

Lesch, Matthias/Förder, Gabriele: Kinesiologie. Aus dem Streß in die Balance, München, 6. Aufl., 1998

Mayer-List, Irene: Lachen. In: Geo, 8, Hamburg 1997

Meyer, Hilbert: Unterrichtsmethoden. Bd. I Theorieband, Bd. II Praxisband, Berlin 1987

Miltner, Frank: Das Ohr schläft nie. In: Focus , 13, München 1998

Molcho, Samy: Körpersprache, München 1983

Montessori, Maria: Kinder sind anders, Stuttgart 1952

Müller, Brigitte/Günther H. Horst: Reiki- Heile Dich selbst, München, 16. Aufl., 1997

Müller, Eberhard: Entspannungsmethoden in der Rehabilitation: Grundlagen und Anwendung der gezielten Selbstentspannung in Herzgruppen, Erlangen 1987
Ochmann, Frank: Kosmos im Kopf. In: Stern, 35, Hamburg 1998
Schneider, Max: Einführung in die Physiologie des Menschen, Berlin/Heidelberg/New York, 16. Aufl., 1973
Schumann, H.: Möglichkeiten und Grenzen der EEG-Diagnostik im Sport. In: Bartmus, U./Heck, H./Mester, J./Schumann, H./Tidow, G.: Aspekte der Sinnes- und Neurophysiologie im Sport, Köln 1996
Simm, Michael: Erfolge gegen Stress. In: Focus, 17, München 1998
Springer, Sally/Deutsch, Georg: Linkes-rechtes Gehirn: funktionelle Asymmetrien, Heidelberg/Berlin/New York, 2. Aufl., 1993
Teml, Helga/Teml, Hubert: Komm mit zum Regenbogen. Phantasiereisen für Kinder und Jugendliche, Linz, 6. Aufl., 1996
Teml, Hubert: Zielbewußt üben – erfolgreich lernen. Lerntechniken und Entspannungsübungen für Schüler, Linz, 4. Aufl., 1996
Thompson, Richard F.: Das Gehirn. Von der Nervenzelle zur Verhaltenssteuerung, Heidelberg/Berlin/Oxford, 2. Aufl., 1994
Topping, Wayne W.: Stress Release, Freiburg im Breisgau, 5. Aufl., 1994
Wagner Link, Angelika: Verhaltenstraining zur Stressbewältigung. Arbeitsbuch für Therapeuten und Trainer, München 1995
Wilhelm, Klaus: Magazin der Trainingseffekte. In: Geo Wissen, 24, Hamburg 1997
Witzenbacher, Kurt: Handlungsorientiertes Lernen in der Hauptschule, München 1985